Kleiner Katechismus

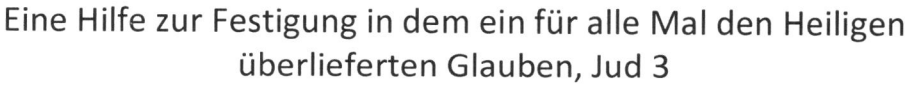

Eine Hilfe zur Festigung in dem ein für alle Mal den Heiligen
überlieferten Glauben, Jud 3

Ein Beitrag, um in Familie und Gemeinde den Auftrag Jesu mit Fleiß zu verfolgen: „So geht nun hin und macht zu Jüngern alle Völker, … „

Kleiner Katechismus

So geht nun hin und macht zu Jüngern alle Völker, und tauft sie auf den Namen des Vaters und des Sohnes und des Heiligen Geistes und lehrt sie alles halten, was ich euch befohlen habe. Und siehe, ich bin bei euch alle Tage bis an das Ende der Weltzeit!

Mt 28,19f

1. Auflage 2023

© 2023 Gerhard Roth

Herstellung und Verlag: BoD – Books on Demand, Norderstedt

ISBN: 9783757887315

Inhalt

Vorwort

Warum ein Katechismus für die Familie?

*„Höre Israel, der HERR ist unser Gott, der HERR allein! Und du sollst
den HERRN, deinen Gott, lieben mit deinem ganzen Herzen und mit
deiner ganzen Seele und mit deiner ganzen Kraft. Und diese Worte,
die ich dir heute gebiete, sollst du auf dem Herzen tragen, und du
sollst sie deinen Kindern einschärfen und davon reden, wenn du in
deinem Haus sitzt oder auf dem Weg gehst, wenn du dich nieder-
legst und wenn du aufstehst; ..." 5Mo 6,4-7*

*„Ihr Kinder, seid gehorsam euren Eltern in dem Herrn; denn das ist
recht. »Du sollst deinen Vater und deine Mutter ehren«, das ist das
erste Gebot mit einer Verheißung: »damit es dir gut geht und du
lange lebst auf Erden«. Und ihr Väter, reizt eure Kinder nicht zum
Zorn, sondern zieht sie auf in der Zucht und Ermahnung des Herrn."
Eph 6,1-4*

Die Heilige Schrift ermahnt uns Eltern und besonders alle Väter, unsere Kinder
in „der Zucht und Ermahnung des Herrn" zu erziehen. Zuerst wir Eltern und
nach uns unsere Kinder sollen den HERRN, unseren Gott, lieben mit ganzem
Herzen, ganzer Seele und mit unserer ganzen Kraft.

Der Herr, unser Gott, sagt uns in seinem Wort auch wie wir dahin kommen:
Zuerst sollen wir Eltern sein heiliges Wort auf dem Herzen tragen und ausge-
hend davon sollen wir es unseren Kindern einschärfen, indem wir ständig und
überall davon reden und es gebrauchen, um unsere Kinder darin zu unterweisen, damit sie durch dieses Wort und das Wirken des Heiligen Geistes weise
werden zur Errettung, die in Jesus Christus ist.

Während wir von ganzem Herzen glauben und mit voller Überzeugung lehren,
dass die Errettung allein vom Herrn geschieht, allein aus seiner Gnade, allein
durch das Wirken des Heiligen Geistes, erkennen wir doch auch an, dass Gott
uns Eltern in dieser Hinsicht eine große Verantwortung gegeben hat. Nicht als
ob der Herr in seinem Gnadenwerk davon abhängig sei, ob wir gute oder
schlechte Eltern sind, sondern in der Weise, dass er uns gebietet(!), all unsere
Fähigkeiten unter Gebet und in Abhängigkeit von ihm einzusetzen, um die Kinder im Wort Gottes zu unterweisen. Wie sollen sie den Herrn Jesus lieben,

wenn sie ihn nicht kennen? Woher sollen sie ihn kennen, wenn nicht aus seinem Wort? Wie sollen sie zur Erkenntnis ihrer Sünde kommen und damit ihrer Not, einen Erlöser zu finden, wenn nicht wir Eltern sie aus der Schrift unterweisen?

Wozu ein Katechismus? Er ist ein Werkzeug in den Händen der Eltern, um unsere Kinder das Wort Gottes zu lehren. Zu ihrer Errettung und zu ihrer Gründung im Wort ist es notwendig, die Hauptlehren der Schrift, die wir als Christen unbedingt glauben, immer neu zu betonen und zu lehren. Was Paulus zu und über Timotheus sagen konnte, das soll auch für unsere Kinder gelten:

> *„Du aber bleibe in dem, was du gelernt hast und was dir zur Gewissheit geworden ist, da du weißt, von wem du es gelernt hast, und weil du von Kindheit an die heiligen Schriften kennst, welche die Kraft haben, dich weise zu machen zur Errettung durch den Glauben, der in Christus Jesus ist. Alle Schrift ist von Gott eingegeben und nützlich zur Belehrung, zur Überführung, zur Zurechtweisung, zur Erziehung in der Gerechtigkeit, damit der Mensch Gottes ganz zubereitet sei, zu jedem guten Werk völlig ausgerüstet."* 2Tim 3.14-17

Dazu müssen wir Eltern und besonders wir Väter arbeiten. Wir können diese Aufgabe nicht delegieren, weder an eine christliche Schule, noch an eine Gemeinde, an die Kinder- und Jugendstundenleiter, noch an christliche Werke, die Freizeiten durchführen. All diese Institutionen können einen Beitrag leisten, aber sie können nicht die Aufgabe übernehmen, die der Herr, unser Gott, eindeutig und vor allem uns Eltern gegeben hat.

Liebe Eltern: scheut euch nicht vor der Arbeit, die es bedeutet, eure Kinder zu lehren! Der Herr steht euch zur Seite und hat reichen Segen verheißen.

Dieser Katechismus soll ein Hilfsmittel in der Hand von Eltern sein. Er kann in der Familienandacht gebraucht werden, um genau das zu tun, was Gott gebietet: die Kinder zu lehren, zu ermahnen und in der Furcht Gottes zu unterziehen.

Möge der Herr diesen kleinen Katechismus dazu segnen.

Warum ein Katechismus für die Gemeinde?

> *„So geht nun hin und macht zu Jüngern alle Völker, und tauft sie auf den Namen des Vaters und des Sohnes und des Heiligen Geistes und lehrt sie alles halten, was ich euch befohlen habe. Und siehe, ich bin bei euch alle Tage bis an das Ende der Weltzeit!" Mt 28,19+20*

> *„Halte dich an das Muster der gesunden Worte, die du von mir gehört hast, im Glauben und in der Liebe, die in Christus Jesus ist! Dieses edle anvertraute Gut bewahre durch den Heiligen Geist, der in uns wohnt!" 2Tim 1,13+14*

Erfreulich viel wird in den Gemeinden über Mission und Evangelisation gesprochen. Weniger viel wird dafür getan. Sehr wenig wird von dem Auftrag Jesu gesprochen, Jünger zu machen und sie alles zu lehren, was der Herr uns geboten hat. Kaum irgendwo ist bekannt, was dieser Auftrag eigentlich enthält und wie er mit Gottes Hilfe ausgeführt werden soll.

Hier ist nicht der Ort, diesen Auftrag ausführlich zu erklären. Die Antwort auf die Frage: „Wozu braucht die Ortsgemeinde einen Katechismus?" ist allerdings in diesem Themenkreis zu finden. Ein Blick in die Kirchengeschichte zeigt, dass die Katechismen ein gewaltiges Mittel Gottes waren, um die Gläubigen im Wort zu stärken und gegen Irrlehren zu wappnen. Die Bemühungen der römischen Kirche, die Protestanten in ihre antichristliche Kirche zurückzuholen waren so lange weitgehend fruchtlos, bis sie ihrerseits einen Katechismus erstellte, entwarf und mit viel Eifer und Geschick gelehrt von den Jesuiten. Dieser wurde zu einem mächtigen Werkzeug der Gegenreformation.

Wenn die Ortsgemeinden den Auftrag Jesu, Jünger zu machen, mit Ernsthaftigkeit und Fleiß verfolgen wollen, dann ist ein Katechismus unbedingt notwendig. Nur durch systematische Unterweisung in den wesentlichen Lehren der Heiligen Schrift können Gotteskinder zugerüstet werden, den systematischen, unablässigen, hinterhältigen, bösartigen Verführungen, Irrlehren und Ideologien dieser Welt zu widerstehen. Zu diesem Zweck kann dieser Katechismus in Bibelstunden, Hauskreisen und Lehrstunden gebraucht werden.

Dieser kleine Katechismus stammt von dem „Shorter Catechism, A Baptist Version" ab, der sich auf das Londoner Glaubensbekenntnis von 1689 bezieht. Dieser wiederum kommt von dem Shorter Catechism des Westminster Bekenntnisses von 1644. Da hier einige signifikante Änderungen und Ergänzungen gemacht wurden, schien es nicht gerechtfertigt, sich darauf im Titel zu beziehen. Ein kleiner 1689 Katechismus, der sich im Wesentlichen auf dieses Bekenntnis beschränkt, ist beim Herausgeber dieses Büchleins erhältlich.

Möge der Herr unsere schwachen Bemühungen segnen, denn ohne Sein Wirken ist all unsere Arbeit vergeblich. Denen aber, die unter Wachen und Beten eifrig Gottes Wort studieren, gilt die Verheißung in 1Kor 15,57f:

> *Gott aber sei Dank, der uns den Sieg gibt durch unseren Herrn Jesus Christus! Daher, meine geliebten Brüder, seid fest, unerschütterlich, allezeit überreich in dem Werk des Herrn, da ihr wisst, dass eure Mühe im Herrn nicht vergeblich ist!*

Rechtenbach, im Oktober 2023

G. Roth

I. Die Grundfrage des Lebens

1. Frage: Was ist die höchste Bestimmung des Menschen?

Antwort: Die höchste Bestimmung des Menschen ist es, Gott in allem zu verherrlichen [a] und sich seiner ewig zu erfreuen. [b]

a. Röm 11,36 Denn von ihm und durch ihn und für ihn sind alle Dinge; ihm sei die Ehre in Ewigkeit! Amen.

   1Kor 10,31 Ob ihr nun esst oder trinkt oder sonst etwas tut — tut alles zur Ehre Gottes!

   Kol 3,17 Und was immer ihr tut in Wort oder Werk, das tut alles im Namen des Herrn Jesus und dankt Gott, dem Vater, durch ihn.

b. Ps 73,25-28 Wen habe ich im Himmel außer dir? Und neben dir begehre ich nichts auf Erden! Wenn mir auch Leib und Seele vergehen, so bleibt doch Gott ewiglich meines Herzens Fels und mein Teil. Denn siehe, die fern von dir sind, gehen ins Verderben; du vertilgst alle, die dir hurerisch die Treue brechen. Mir aber ist die Nähe Gottes köstlich; ich habe GOTT, den Herrn, zu meiner Zuflucht gemacht, um alle deine Werke zu verkünden.

   Jes 61,10 Ich freue mich sehr in dem HERRN, und meine Seele ist fröhlich in meinem Gott; denn er hat mir Kleider des Heils angezogen, mit dem Mantel der Gerechtigkeit mich bekleidet, wie ein Bräutigam sich den priesterlichen Kopfschmuck anlegt und wie eine Braut sich mit ihrem Geschmeide schmückt.

Fragen zum Gespräch:

-   ○ *Was bedeutet „Gott verherrlichen"?*
-   ○ *Warum sollen wir Gott verherrlichen?*
-   ○ *Wie verherrlichen wir Gott?*
-   ○ *Was fördert unsere Freude an Gott?*

II. Das Wort Gottes

2. Frage: Welche Richtlinie hat Gott uns gegeben, um uns zu zeigen, wie wir ihn in allem verherrlichen und uns seiner erfreuen können?

Antwort: Die Bibel, nämlich das Alte und Neue Testament [a], ist die einzige Richtlinie, die uns zeigt, wie wir Gott in allem verherrlichen und uns Seiner erfreuen können. [b]

a. 2Tim 3,15-16 ... und weil du von Kindheit an die heiligen Schriften kennst, welche die Kraft haben, dich weise zu machen zur Errettung durch den Glauben, der in Christus Jesus ist. Alle Schrift ist von Gott eingegeben und nützlich zur Belehrung, zur Überführung, zur Zurechtweisung, zur Erziehung in der Gerechtigkeit, ...

Eph 2,20 ... auferbaut auf der Grundlage der Apostel und Propheten, während Jesus Christus selbst der Eckstein ist, ...

Off 22,18+19 Fürwahr, ich bezeuge jedem, der die Worte der Weissagung dieses Buches hört: Wenn jemand etwas zu diesen Dingen hinzufügt, so wird Gott ihm die Plagen zufügen, von denen in diesem Buch geschrieben steht; und wenn jemand etwas wegnimmt von den Worten des Buches dieser Weissagung, so wird Gott wegnehmen seinen Teil vom Buch des Lebens und von der heiligen Stadt, und von den Dingen, die in diesem Buch geschrieben stehen.

b. 1Joh 1,3-4 ... was wir gesehen und gehört haben, das verkündigen wir euch, damit auch ihr Gemeinschaft mit uns habt; und unsere Gemeinschaft ist mit dem Vater und mit seinem Sohn Jesus Christus. Und dies schreiben wir euch, damit eure Freude vollkommen sei.

Lk 16,29+31 Abraham spricht zu ihm: Sie haben Mose und die Propheten; auf diese sollen sie hören! ... Wenn sie auf Mose und die Propheten nicht hören, so würden sie sich auch nicht überzeugen lassen, wenn einer aus den Toten auferstände!

Gal 1,8-9 Aber selbst wenn wir oder ein Engel vom Himmel euch etwas anderes als Evangelium verkündigen würden als das, was wir euch verkündigt haben, der sei verflucht! Wie wir es zuvor gesagt haben, so sage ich auch jetzt wiederum: Wenn jemand euch etwas anderes als Evangelium verkündigt als das, welches ihr empfangen habt, der sei verflucht!

Ein kleiner Katechismus

Fragen zum Gespräch:

- *Wer hat die Bibel geschrieben?*
- *Warum ist die Bibel so wichtig?*
- *Wo außer in der Bibel finden wir noch Aussagen darüber, wie wir so leben können, dass es Gott gefällt?*

3. Frage: Ist die Bibel in allem, was sie sagt, glaubwürdig?

Antwort: Die Schriften des Alten und Neuen Testamentes sind von Gott eingegeben;[a] sie sind unfehlbar und irrtumslos in allen Teilen. Daher sind sie glaubwürdig in allem, was sie über Geschichte, Wissenschaft, Lehre, Ethik, Glaubensleben, oder irgendein anderes Thema sagen.[b]

a. 2Tim 3,16 Alle Schrift ist von Gott eingegeben und nützlich zur Belehrung, zur Überführung, zur Zurechtweisung, zur Erziehung in der Gerechtigkeit,

b. 1Thes 2,13 Darum danken wir auch Gott unablässig, dass ihr, als ihr das von uns verkündigte Wort Gottes empfangen habt, es nicht als Menschenwort aufgenommen habt, sondern als das, was es in Wahrheit ist, als Gottes Wort, das auch wirksam ist in euch, die ihr gläubig seid.

Joh 10,35b und die Schrift kann doch nicht außer Kraft gesetzt werden

Fragen zum Gespräch:

- *Warum sind wir verpflichtet, der Bibel in all ihren Aussagen zu glauben?*
- *Was ist die Folge, wenn man eine einzige Aussage der Bibel als unglaubwürdig einstuft?*
- *„Die Bibel ist kein wissenschaftliches Lehrbuch" – Warum sind die ersten 11 Kapitel der Bibel trotzdem glaubwürdig?*

4. Frage: Was lehrt die Bibel hauptsächlich?

Antwort: Die Bibel lehrt hauptsächlich, was der Mensch von Gott glauben soll, und was Gott von dem Menschen fordert.[a]

a. 2Tim 1,13 Halte dich an das Muster der gesunden Worte, die du von mir gehört hast, im Glauben und in der Liebe, die in Christus Jesus ist!

2Tim 3,16-17 und weil du von Kindheit an die heiligen Schriften kennst, welche die Kraft haben, dich weise zu machen zur Errettung durch den Glauben, der in Christus Jesus ist. Alle Schrift ist von Gott eingegeben und nützlich zur Belehrung, zur Überführung, zur Zurechtweisung, zur Erziehung in der Gerechtigkeit,

Mi 6,8 Es ist dir gesagt, o Mensch, was gut ist und was der HERR von dir fordert: Was anders als Recht tun, Liebe üben und demütig wandeln mit deinem Gott?

Joh 20,30+31 Noch viele andere Zeichen tat Jesus nun vor seinen Jüngern, die in diesem Buch nicht geschrieben sind. Diese aber sind geschrieben, damit ihr glaubt, dass Jesus der Christus, der Sohn Gottes ist, und damit ihr durch den Glauben Leben habt in seinem Namen.

Fragen zum Gespräch:
- o *Nenne 3 Dinge, die die Bibel über Gott lehrt.*
- o *Nenne 3 Dinge, die wir gemäß der Bibel tun sollen.*
- o *Gibt es vor Gott „unsere Pflicht" oder sind wir frei zu handeln wie wir es für richtig halten?*

III. Die Lehre von Gott

5. Frage: Wer ist Gott?

Antwort: Gott ist ein Geist,[a] unendlich,[b] ewig[c] und unveränderlich[d] in seinem Wesen,[e] in seiner Weisheit,[f] Macht,[g] Heiligkeit,[h] Gerechtigkeit, Güte und Wahrheit[i]. Am wunderbarsten erscheint er uns in seiner Liebe, denn Gott ist Liebe[j].

a. Joh 4,24 Gott ist Geist, und die ihn anbeten, müssen ihn im Geist und in der Wahrheit anbeten.

b. Jes 40,21f Wisst ihr es nicht? Hört ihr es nicht? Ist es euch nicht von Anfang an verkündigt worden? Habt ihr nicht Einsicht erlangt in die Grundlegung der Erde? Er ist es, der über dem Kreis der Erde thront und vor dem ihre Bewohner wie Heuschrecken sind; der den Himmel ausbreitet wie einen Schleier und ihn ausspannt wie ein Zelt zum Wohnen

c. Ps 90,2 Ehe die Berge wurden und du die Erde und den Erdkreis hervorbrachtest, ja, von Ewigkeit zu Ewigkeit bist du Gott!

d. Jak 1,17 Jede gute Gabe und jedes vollkommene Geschenk kommt von oben herab, von dem Vater der Lichter, bei dem keine Veränderung ist, noch ein Schatten infolge von Wechsel.

e. 2Mo 3,14 Gott sprach zu Mose: »Ich bin, der ich bin!«

f. Ps 147,5 Groß ist unser Herr und reich an Macht; sein Verstand ist unermesslich.

g. Hi 42,2f Ich erkenne, dass du alles vermagst und dass kein Vorhaben dir verwehrt werden kann. »Wer verfinstert da den Ratschluss mit Worten ohne Erkenntnis?« Fürwahr, ich habe geredet, was ich nicht verstehe, Dinge, die mir zu wunderbar sind und die ich nicht begreifen kann!

h. Off 4,8 Und jedes einzelne von den vier lebendigen Wesen hatte sechs Flügel; ringsherum und inwendig waren sie voller Augen, und unaufhörlich rufen sie bei Tag und bei Nacht: Heilig, heilig, heilig ist der Herr, Gott der Allmächtige, der war und der ist und der kommt!

   Off 15,4 Wer sollte dich nicht fürchten, o Herr, und deinen Namen nicht preisen? Denn du allein bist heilig.

i. 2Mo 34,6-7 Und der HERR ging vor seinem Angesicht vorüber und rief: Der HERR, der HERR, der starke Gott, der barmherzig und gnädig ist, langsam zum Zorn und von großer Gnade und Treue; der Tausenden Gnade bewahrt und Schuld, Übertretung und Sünde vergibt, aber keineswegs ungestraft lässt, sondern die Schuld der Väter heimsucht an den Kindern und Kindeskindern bis in das dritte und vierte Glied!

j. 1Joh 4,16 Und wir haben die Liebe erkannt und geglaubt, die Gott zu uns hat. Gott ist Liebe, und wer in der Liebe bleibt, der bleibt in Gott und Gott in ihm.

Fragen zum Gespräch:

   o *Kann man Gott sehen?*

   o *Was bedeutet „heilig"?*

o *Gibt es eine Wahrheit, die für alle Menschen gleich gilt?*

o *Was wäre, wenn Gott sich ändern könnte?*

6. Frage: Gib es mehr als einen Gott?

Antwort: Es gibt nur einen,[a] den lebendigen und wahren Gott.[b]

a. 5Mo 6,4 Höre Israel, der HERR ist unser Gott, der HERR allein!

   1Kor 8,4 Was nun das Essen der Götzenopfer betrifft, so wissen wir, dass ein Götze in der Welt nichts ist, und dass es keinen anderen Gott gibt außer dem Einen.

b. Jer 10,10 Aber der HERR ist in Wahrheit Gott; er ist der lebendige Gott und ein ewiger König.

   Jes 45,5 Ich bin der HERR und sonst ist keiner; denn außer mir gibt es keinen Gott. Ich habe dich gegürtet, ohne dass du mich kanntest.

Fragen zum Gespräch:

o *Was wäre, wenn es mehr als einen Gott gäbe?*

o *Wie können wir wissen, dass Gott ein <u>lebendiger</u> Gott ist?*

o *Was bedeutet es, dass Gott ein <u>wahrer</u> Gott ist?*

7. Frage: Aus wie vielen Personen besteht die Gottheit?

Antwort: In der Gottheit sind drei Personen: der Vater, der Sohn und der Heilige Geist;[a] diese drei sind der eine Gott. Sie sind wesenseins und gleich an Macht und Herrlichkeit.[b]

a. Mt 28,19 So geht nun hin und macht zu Jüngern alle Völker, und tauft sie auf den Namen des Vaters und des Sohnes und des Heiligen Geistes

   2Kor 13,13 Die Gnade des Herrn Jesus Christus und die Liebe Gottes und die Gemeinschaft des Heiligen Geistes sei mit euch allen!

   1Joh 5,7 Denn drei sind es, die Zeugnis ablegen im Himmel: der Vater, das Wort und der Heilige Geist, und diese drei sind eins;

b. Apg 5,3-4 Petrus aber sprach: Ananias, warum hat der Satan dein Herz erfüllt, sodass du den Heiligen Geist belogen hast und von dem Erlös des Gutes etwas für dich auf die Seite geschafft hast? Hättest du es nicht als dein Eigentum behalten können? Und als du es verkauft hattest, war es nicht in deiner Gewalt? Warum hast du denn in deinem Herzen diese Tat beschlossen? Du hast nicht Menschen belogen, sondern Gott!

Eph 4,5+6 Ein Leib und ein Geist, wie ihr auch berufen seid zu einer Hoffnung eurer Berufung; 5 ein Herr, ein Glaube, eine Taufe; ein Gott und Vater aller, über allen und durch alle und in euch allen.

Fragen zum Gespräch:

- ○ *Belege aus der Schrift:*
    - ○ *Der Vater ist Gott*
    - ○ *Jesus Christus ist Gott*
    - ○ *Der Heilige Geist ist Gott*
- ○ *Können wir das wirklich verstehen?*
- ○ *Warum glauben wir an einen dreieinigen Gott (Trinität)?*
- ○ *Können wir solche als Gotteskinder anerkennen, die nicht an einen Gott in drei Personen glauben?*

8. Frage: Was sind die Ratschlüsse Gottes?

Antwort: Unter den Ratschlüssen Gottes versteht man seinen ewigen Vorsatz, wonach er, dem Ratschluss seines Willens entsprechend und zu seiner eigenen Ehre, alles vorherbestimmt hat, was geschehen soll. [a]

a. Dan 4,31b-32 Da lobte ich den Höchsten und pries und verherrlichte den, der ewig lebt, dessen Herrschaft eine ewige Herrschaft ist und dessen Reich von Geschlecht zu Geschlecht währt; gegen welchen alle, die auf Erden wohnen, wie nichts zu rechnen sind; er verfährt mit dem Heer des Himmels und mit denen, die auf Erden wohnen, wie er will, und es gibt niemand, der seiner Hand wehren oder zu ihm sagen dürfte: Was machst du?

Röm 8,28 Wir wissen aber, dass denen, die Gott lieben, alle Dinge zum Besten dienen, denen, die nach dem Vorsatz berufen sind.

Röm 9,22 Wenn nun aber Gott, da er seinen Zorn erweisen und seine Macht offenbar machen wollte, mit großer Langmut die Gefäße des Zorns getragen hat, die zum Verderben zugerichtet sind, …

Röm 11,36 Denn von ihm und durch ihn und für ihn sind alle Dinge; ihm sei die Ehre in Ewigkeit! Amen.

Eph 1,4 … wie er uns in ihm auserwählt hat vor Grundlegung der Welt, damit wir heilig und tadellos vor ihm seien in Liebe.

Eph 1,11-12 … — in ihm, in welchem wir auch ein Erbteil erlangt haben, die wir vorherbestimmt sind nach dem Vorsatz dessen, der alles wirkt nach dem Ratschluss seines Willens, damit wir zum Lob seiner Herrlichkeit dienten, die wir zuvor auf den Christus gehofft haben.

Spr 16,4 Alles hat der HERR zu seinem bestimmten Zweck gemacht, sogar den Gottlosen für den Tag des Unheils.

Mt 10,29f Verkauft man nicht zwei Sperlinge um einen Groschen? Und doch fällt keiner von ihnen auf die Erde ohne euren Vater. Bei euch aber sind selbst die Haare des Hauptes alle gezählt.

Jes 40,13-14 Wer hat den Geist des HERRN ergründet, und wer hat ihn als Ratgeber unterwiesen? Wen hat Er um Rat gefragt, dass der Ihn verständig machte und Ihm den Weg des Rechts wiese, dass er Ihn Erkenntnis lehrte und Ihm den Weg der Einsicht zeigte

Fragen zum Gespräch:

o *Wann hat Gott seinen Plan für die Welt gemacht?*

o *Kann jemand oder etwas oder ein Ereignis den Plan Gottes ändern?*

o *Warum gibt es Unrecht, Kriege, Hungersnot?*

9. Frage: Wie führt Gott seine Ratschlüsse aus?

Antwort: Gott führt seine Ratschlüsse aus in den Werken der Schöpfung [a] und der Vorsehung [b].

a. Off 4,11 Würdig bist du, o Herr, zu empfangen den Ruhm und die Ehre und die Macht; denn du hast alle Dinge geschaffen, und durch deinen Willen sind sie und wurden sie geschaffen!

Jes 44,24-28 So spricht der HERR, dein Erlöser, der dich von Mutterleib an gebildet hat: Ich bin der HERR, der alles vollbringt — ich habe die Himmel ausgespannt, ich allein, und die Erde ausgebreitet durch mich selbst —, der die Zeichen der Schwätzer vereitelt und die Wahrsager zu Narren macht; der die Weisen zum Widerruf zwingt und ihr Wissen zur Torheit macht; der aber das Wort seines Knechtes bestätigt und den Ratschluss ausführt, den seine Boten verkündeten; der zu Jerusalem spricht: »Werde [wieder] bewohnt!«, und zu den Städten Judas: »Werdet [wieder] gebaut! Und ihre Trümmer richte ich wieder auf«, der zur Meerestiefe spricht: »Versiege! Und deine Ströme werde ich trockenlegen!«, der von Kyrus spricht: »Er ist mein Hirte, und er wird all meinen Willen ausführen und zu Jerusalem sagen: Werde gebaut!, und zum Tempel: Werde gegründet!«

b. Apg 14,17 und doch hat er sich selbst nicht unbezeugt gelassen; er hat uns Gutes getan, uns vom Himmel Regen und fruchtbare Zeiten gegeben und unsere Herzen erfüllt mit Speise und Freude.

Mt 6,26 Seht die Vögel des Himmels an: Sie säen nicht und ernten nicht, sie sammeln auch nicht in die Scheunen, und euer himmlischer Vater ernährt sie doch.

Dan 4,31f Aber nach Verlauf der Zeit hob ich, Nebukadnezar, meine Augen zum Himmel empor, und mein Verstand kehrte zu mir zurück. Da lobte ich den Höchsten und pries und verherrlichte den, der ewig lebt, dessen Herrschaft eine ewige Herrschaft ist und dessen Reich von Geschlecht zu Geschlecht währt; gegen welchen alle, die auf Erden wohnen, wie nichts zu rechnen sind; er verfährt mit dem Heer des Himmels und mit denen, die auf Erden wohnen, wie er will, und es gibt niemand, der seiner Hand wehren oder zu ihm sagen dürfte: Was machst du?

Fragen zum Gespräch:

o *Wie ist die Welt entstanden?*

o *Gibt es einen Bereich in der Welt, den Gott nicht sehen kann?*

o *Gibt es einen Bereich in der Welt, den Gott nicht lenken kann?*

o *Was lehrt uns das alles über Gott?*

IV. Die Lehre von der Schöpfung

10. Frage: Was ist das Werk der Schöpfung?

Antwort: Unter dem Werk der Schöpfung versteht man, dass Gott alle Dinge aus Nichts [a] durch sein mächtiges Wort [b] im Zeitraum von sechs Tagen [c] geschaffen hat - und alles war sehr gut. [d]

a. 1Mo 1,1 Im Anfang schuf Gott die Himmel und die Erde.

   Kol 1,16 Denn in ihm ist alles erschaffen worden, was im Himmel und was auf Erden ist, das Sichtbare und das Unsichtbare, seien es Throne oder Herrschaften oder Fürstentümer oder Gewalten: Alles ist durch ihn und für ihn geschaffen; …

b. Joh 1,1 Im Anfang war das Wort, und das Wort war bei Gott, und das Wort war Gott. Dieses war im Anfang bei Gott. Alles ist durch dasselbe entstanden; und ohne dasselbe ist auch nicht eines entstanden, was entstanden ist.

   Hebr 11,3 Durch Glauben verstehen wir, dass die Welten durch Gottes Wort bereitet worden sind, sodass die Dinge, die man sieht, nicht aus Sichtbarem entstanden sind.

c. 2Mo 20,11 Denn in sechs Tagen hat der HERR Himmel und Erde gemacht und das Meer und alles, was darin ist, und er ruhte am siebten Tag; …

d. 1Mo 1,31 Und Gott sah alles, was er gemacht hatte; und siehe, es war sehr gut.

Fragen zum Gespräch:

- o *Woraus hat Gott die Welt gemacht?*
- o *Inwiefern widerspricht die Bibel der Theorie, dass Gott die Welt über lange Zeiträume geschaffen hat?*
- o *Was war das Ergebnis von Gottes Schöpfungswerk?*
- o *Warum ist die Schöpfung heute nicht mehr sehr gut?*

11. Frage: Wie hat Gott den Menschen geschaffen?

Antwort: Gott schuf den Menschen als Mann und Frau, nach seinem eigenen Bilde[a] in Erkenntnis[b], Gerechtigkeit[c] und Heiligkeit[d]. Er gab ihm die Herrschaft über alle Geschöpfe[e].

a. 1Mo 1,27 Und Gott schuf den Menschen in seinem Bild, im Bild Gottes schuf er ihn; als Mann und Frau schuf er sie.

b. Kol 3,19f Lügt einander nicht an, da ihr ja den alten Menschen ausgezogen habt mit seinen Handlungen und den neuen angezogen habt, der erneuert wird zur Erkenntnis, nach dem Ebenbild dessen, der ihn geschaffen hat; …

c. Pred 7,29 Allein, siehe, das habe ich gefunden, dass Gott den Menschen aufrichtig geschaffen hat; sie aber suchen viele arglistige Machenschaften.

d. Eph 4,23f … dagegen erneuert werdet im Geist eurer Gesinnung und den neuen Menschen angezogen habt, der Gott entsprechend geschaffen ist in wahrhafter Gerechtigkeit und Heiligkeit.

d. 1Mo 1,28 Und Gott segnete sie; und Gott sprach zu ihnen: Seid fruchtbar und mehrt euch und füllt die Erde und macht sie euch untertan; und herrscht über die Fische im Meer und über die Vögel des Himmels und über alles Lebendige, das sich regt auf der Erde!

Fragen zum Gespräch:

○ *Warum hat Gott dich gemacht?*

○ *Was ist der Unterschied zwischen dem Menschen heute und damals direkt nach der Schöpfung?*

○ *Was bedeutet es, dass der Mensch im Bild Gottes geschaffen ist?*

○ *Welche Aufgabe hat Gott dem Menschen bei der Schöpfung übertragen?*

12. Frage: Was sind Gottes Werke der Vorsehung?

Antwort: Unter Gottes Werken der Vorsehung versteht man, dass er all seine Geschöpfe und ihre Handlungen auf überaus gnädige[a], weise[b] und mächtige Art erhält[c] und regiert[d].

a. Ps 145,17 Der HERR ist gerecht in allen seinen Wegen und gnädig in allen seinen Werken.

b. Jes 28,29 Auch dies geht aus von dem HERRN der Heerscharen; denn sein Rat ist wunderbar, und er führt es herrlich hinaus.

c. Hebr 1,3 dieser ist die Ausstrahlung seiner Herrlichkeit und der Ausdruck seines Wesens und trägt alle Dinge durch das Wort seiner Kraft;

Heb 1,8 Dein Thron, o Gott, währt von Ewigkeit zu Ewigkeit. Das Zepter deines Reiches ist ein Zepter des Rechts.

Kol 1,16f Alles ist durch ihn und für ihn geschaffen; und er ist vor allem, und alles hat seinen Bestand in ihm.

d. Ps 103,19 Der HERR hat seinen Thron im Himmel gegründet, und seine Königsherrschaft regiert über alles.

Mt 10,29 Verkauft man nicht zwei Sperlinge um einen Groschen? Und doch fällt keiner von ihnen auf die Erde ohne euren Vater.

Fragen zum Gespräch:

o *Nenne 3 Dinge, die Gott regiert*

o *Was würde passieren, wenn Gott nicht regieren würde?*

o *Nenne Beispiele aus der Bibel, die zeigen, dass Gott all seine Geschöpfe und ihre Handlungen lenkt.*

o *Wie haben sich Bereiche der Schöpfung entwickelt, die Gott der Fürsorge des Menschen anvertraut hat?*

13. Frage: In welchem Zustand wurde der Mensch geschaffen?

Antwort: Der Mensch wurde in einem sündlosen [a] und glücklichen [b] Zustand geschaffen [c]; in diesem Zustand übertrug ihm der Herr die Aufsicht über den Garten Eden [d] und verbot ihm unter Todesstrafe, vom Baum der Erkenntnis des Guten und Bösen zu essen [e].

a. 1Mo 1,31 Und Gott sah alles, was er gemacht hatte; und sehe, es war sehr gut.

Pred 7,29 Allein, siehe, das habe ich gefunden, dass Gott den Menschen aufrichtig geschaffen hat; sie aber suchen viele arglistige Machenschaften.

b. 1Mo 2,9 Und Gott der HERR ließ allerlei Bäume aus der Erde hervorsprießen, lieblich anzusehen und gut zur Nahrung, und auch den Baum des Lebens mitten im Garten und den Baum der Erkenntnis des Guten und Bösen.

1Mo 2,25 Und sie waren beide nackt, der Mensch und seine Frau, und sie schämten sich nicht.

c. 1Mo 2,7+8 Da bildete Gott der HERR den Menschen, Staub von der Erde, und blies den Odem des Lebens in seine Nase, und so wurde der Mensch eine lebendige Seele. Und Gott der HERR pflanzte einen Garten in Eden, im Osten, und setzte den Menschen dorthin, den er gemacht hatte.

d. 1Mo 2,15 Und Gott der HERR nahm den Menschen und setzte ihn in den Garten Eden, damit er ihn bebaue und bewahre.

e. 1Mo 2,16+17 Und Gott der HERR gebot dem Menschen und sprach: Von jedem Baum des Gartens darfst du nach Belieben essen; aber von dem Baum der Erkenntnis des Guten und des Bösen sollst du nicht essen; denn an dem Tag, da du davon isst, musst du gewisslich sterben!

Fragen zum Gespräch:

- o *Was ist der Zusammenhang zwischen „sündlos" und „glücklich"?*
- o *Nenne Aufgaben, die die Aufsicht über den Garten beschreiben.*
- o *Unter welcher Bedingung sollte der Mensch ewig leben?*

V. Die Lehre vom Sündenfall

14. Frage: **Blieben unsere ersten Eltern in dem Zustand, in dem sie geschaffen wurden?**

Antwort: Nein! Da unsere ersten Eltern der Freiheit ihres eigenen Willens überlassen waren, fielen sie aus dem Zustand in dem sie geschaffen worden waren, indem sie gegen Gott sündigten [a].

a. 1Mo 3,6-8 Und die Frau sah, dass von dem Baum gut zu essen wäre, und dass er eine Lust für die Augen und ein begehrenswerter Baum wäre, weil er weise macht; und sie nahm von seiner Frucht und aß, und sie gab davon auch ihrem Mann, der bei ihr war, und er aß. Da wurden ihnen beiden die Augen geöffnet, und sie erkannten, dass sie nackt waren; und sie banden sich Feigenblätter um und machten sich Schurze. Und sie hörten die Stimme Gottes des HERRN, der im Garten wandelte, als der Tag kühl war; und der Mensch und seine Frau versteckten sich vor dem Angesicht Gottes des HERRN hinter den Bäumen des Gartens.

1Mo 3,13 Da sprach Gott der HERR zu der Frau: Warum hast du das getan? Die Frau antwortete: Die Schlange hat mich verführt; da habe ich gegessen!

1Mo 3,17 Und zu Adam sprach er: Weil du der Stimme deiner Frau gehorcht und von dem Baum gegessen hast, von dem ich dir gebot und sprach: »Du sollst nicht davon essen!«, so sei der Erdboden verflucht um deinetwillen! Mit Mühe sollst du dich davon nähren dein Leben lang;

Pred 7,29 Allein, siehe, das habe ich gefunden, dass Gott den Menschen aufrichtig geschaffen hat; sie aber suchen viele arglistige Machenschaften.

Röm 3,12 Sie sind alle abgewichen, sie taugen alle zusammen nichts; da ist keiner, der Gutes tut, da ist auch nicht einer!

Fragen zum Gespräch:

- *Wer waren unsere ersten Eltern?*
- *Warum aßen sie von der verbotenen Frucht?*
- *Warum sündigen wir heute?*
- *Was gewannen unsere ersten Eltern durch ihren Ungehorsam und was verloren sie?*
- *Was gewinnen wir heute, wenn wir gegen Gottes offenbarten Willen handeln, und was verlieren wir?*

15. Frage: Was ist Sünde?

Antwort: Sünde ist jeder Mangel an Übereinstimmung mit dem Gesetz Gottes und jede Übertretung des Gesetzes Gottes [a]. Sünde ist nicht nur, etwas zu tun, was Gott verbietet, sondern auch, das nicht zu tun, was er gebietet.[b]

Ein kleiner Katechismus

a. 1Jo 3,4 Jeder, der die Sünde tut, der tut auch die Gesetzlosigkeit; und die Sünde ist die Gesetzlosigkeit.

Röm 3,20 … weil aus Werken des Gesetzes kein Fleisch vor ihm gerechtfertigt werden kann; denn durch das Gesetz kommt Erkenntnis der Sünde.

Jak 2,9 – 11 wenn ihr aber die Person anseht, so begeht ihr eine Sünde und werdet vom Gesetz als Übertreter verurteilt. Denn wer das ganze Gesetz hält, sich aber in einem verfehlt, der ist in allem schuldig geworden. Denn der, welcher gesagt hat: »Du sollst nicht ehebrechen!«, hat auch gesagt: »Du sollst nicht töten!« Wenn du nun zwar nicht die Ehe brichst, aber tötest, so bist du ein Übertreter des Gesetzes geworden.

b. Mt 25,24-27 Da trat auch der hinzu, der das eine Talent empfangen hatte, und sprach: Herr, ich kannte dich, dass du ein harter Mann bist. Du erntest, wo du nicht gesät, und sammelst, wo du nicht ausgestreut hast; und ich fürchtete mich, ging hin und verbarg dein Talent in der Erde. Siehe, da hast du das Deine! Aber sein Herr antwortete und sprach zu ihm: Du böser und fauler Knecht! Wusstest du, dass ich ernte, wo ich nicht gesät, und sammle, wo ich nicht ausgestreut habe? Dann hättest du mein Geld den Wechslern bringen sollen, so hätte ich bei meinem Kommen das Meine mit Zinsen zurückerhalten.

Jak 4,17 Wer nun Gutes zu tun weiß und es nicht tut, für den ist es Sünde.

Fragen zum Gespräch:

o *Auf welche zwei Arten können wir sündigen?*

o *Wo erfahren wir, was Gott verbietet und was er gebietet?*

o *Was ist, wenn wir ein Gebot Gottes übertreten, obwohl wir es „gut meinen"?*

o *Nenne einige der guten Handlungen, die wir täglich (oder wenigstens oft) tun sollten, besonders als a) Christ b) Vater c) Mutter d) Kind e) Gemeindeglied f) Arbeitnehmer g) Staatsbürger*

16. Frage: Was war die Sünde, durch die unsere ersten Eltern aus dem Zustand fielen, in dem sie geschaffen wurden?

Antwort: Die Sünde, durch die unsere ersten Eltern aus dem Zustand fielen, in dem sie geschaffen wurden, war, dass sie von der verbotenen Frucht aßen [a].

a. 1Mo 3,6 -13 siehe dort

Fragen zum Gespräch:

- o *Warum war diese Übertretung keine kleine Sünde?*
- o *Sie misstrauten Gottes Wort. Ist das immer ein Grund, warum wir sündigen?*
- o *Was können wir tun, um nicht in Sünde zu fallen?*

17. Frage: Welche Folgen hat diese erste Übertretung Adams für alle Menschen?

Antwort: Weil das Verbot bezüglich der Frucht Adam als dem Stellvertreter der ganzen Menschheit gegeben wurde, war er nicht nur für sich selbst ungehorsam, sondern für seine ganze Nachkommenschaft.

Deshalb haben alle Menschen, die von Adam durch natürliche Zeugung abstammen, in ihm gesündigt und sind mit ihm in seiner ersten Übertretung gefallen[a].

a. 1Mo 1,28 Und Gott segnete sie; und Gott sprach zu ihnen: Seid fruchtbar und mehrt euch und füllt die Erde und macht sie euch untertan; ...

1Mo 2,16-17 Und Gott der HERR gebot dem Menschen und sprach: Von jedem Baum des Gartens darfst du nach Belieben essen; aber von dem Baum der Erkenntnis des Guten und des Bösen sollst du nicht essen; denn an dem Tag, da du davon isst, musst du gewisslich sterben!

Röm 5,12 Darum, gleichwie durch einen Menschen die Sünde in die Welt gekommen ist und durch die Sünde der Tod, und so der Tod zu allen Menschen hingelangt ist, weil sie alle gesündigt haben.

Röm 5,18+19 Also: Wie nun durch die Übertretung des einen die Verurteilung für alle Menschen kam, so kommt auch durch die Gerechtigkeit des Einen für alle Menschen die Rechtfertigung, die Leben gibt. Denn gleichwie durch den Ungehorsam des einen Menschen die Vielen zu Sündern gemacht worden sind, so werden auch durch den Gehorsam des Einen die Vielen zu Gerechten gemacht.

1Kor 15,21+22 Denn weil der Tod durch einen Menschen kam, so kommt auch die Auferstehung der Toten durch einen Menschen; denn gleichwie in Adam alle sterben, so werden auch in Christus alle lebendig gemacht werden.

Fragen zum Gespräch:

o *Warum hat die Sünde Adams Folgen für uns alle?*

o *Was meinen wir mit „Erbsünde"*

o *Welcher Mensch war ohne Erbsünde? Warum?*

18. Frage: In welchen Zustand brachte der Sündenfall die Menschheit?

Antwort: Der Sündenfall brachte die Menschheit in einen Zustand der Sünde und des Unglücks [a].

a. Röm 3,10-18 wie geschrieben steht: »Es ist keiner gerecht, auch nicht einer; es ist keiner, der verständig ist, der nach Gott fragt. Sie sind alle abgewichen, sie taugen alle zusammen nichts; da ist keiner, der Gutes tut, da ist auch nicht einer! Ihre Kehle ist ein offenes Grab, mit ihren Zungen betrügen sie; Otterngift ist unter ihren Lippen; ihr Mund ist voll Fluchen und Bitterkeit, ihre Füße eilen, um Blut zu vergießen; Verwüstung und Elend bezeichnen ihre Bahn, und den Weg des Friedens kennen sie nicht. Es ist keine Gottesfurcht vor ihren Augen.«

Röm 5,12 Darum, gleichwie durch einen Menschen die Sünde in die Welt gekommen ist und durch die Sünde der Tod, und so der Tod zu allen Menschen hingelangt ist, weil sie alle gesündigt haben.

1Mo 3,16 -19 s.o.

Fragen zum Gespräch:

o *Erstelle aus Röm 3,10-18 eine Liste, die unseren Zustand nach dem Fall beschreibt.*

o *Wenn du von jedem Eintrag der Liste das Gegenteil nimmst, erhältst du eine Beschreibung des Zustands des Menschen vor dem Fall.*

o *Was war die schlimmste Folge der Sünde Adams?*

o *Gibt es eine Hoffnung?*

19. Frage: Worin besteht die Sündhaftigkeit des Zustandes, in den der Mensch gefallen ist?

Antwort: Die Sündhaftigkeit des Zustandes, in den der Mensch gefallen ist besteht darin:

- *die Schuld der ersten Sünde Adams wird uns allen zugerechnet[a]; das wird als „Erbsünde" bezeichnet.*
- *wir sind nicht mehr gerecht vor Gott[b]*
- *unsere ganze menschliche Natur ist verdorben[c];*
- *aus dieser Verdorbenheit kommen alle tatsächlichen Übertretungen, die Gottes Zorn verdienen[d].*

a. Röm 5,10-20 siehe dort

b. Pred 7,29 Allein, siehe, das habe ich gefunden, dass Gott den Menschen aufrichtig geschaffen hat; sie aber suchen viele arglistige Machenschaften.

Röm 3,10 siehe oben

c. Eph 2,1-3 — auch euch, die ihr tot wart durch Übertretungen und Sünden, in denen ihr einst gelebt habt nach dem Lauf dieser Welt, gemäß dem Fürsten, der in der Luft herrscht, dem Geist, der jetzt in den Söhnen des Ungehorsams wirkt; unter ihnen führten auch wir alle einst unser Leben in den Begierden unseres Fleisches, indem wir den Willen des Fleisches und der Gedanken taten; und wir waren von Natur Kinder des Zorns, wie auch die anderen.

Ps 51,7 Siehe, in Schuld bin ich geboren, und in Sünde hat mich meine Mutter empfangen.

d. Jak 1,14+15 … jeder Einzelne wird versucht, wenn er von seiner eigenen Begierde gereizt und gelockt wird. Danach, wenn die Begierde empfangen hat, gebiert sie die Sünde; die Sünde aber, wenn sie vollendet ist, gebiert den Tod.

Mt 15,19-20a Denn aus dem Herzen kommen böse Gedanken, Mord, Ehebruch, Unzucht, Diebstahl, falsche Zeugnisse, Lästerungen. Das ist's, was den Menschen verunreinigt!

Fragen zum Gespräch:

- *Warum werden wir als Sünder geboren?*

Ein kleiner Katechismus

- Wie können wir erkennen, dass die menschliche Natur sündig und verdorben ist?
- Wer ist verantwortlich für Sünden, die wir begehen?
- Was haben unsere Sünden gerechterweise verdient?
- Gibt es einen Ausweg?

20. Frage: **Worin besteht das Unglück des Zustandes, in den die ganze Menschheit gefallen ist?**

Antwort: Durch den Sündenfall verloren wir Menschen die Gemeinschaft mit Gott [a]. Von Anfang an ist jeder Mensch unter Gottes Zorn und Fluch [b]. Dadurch sind wir allem Unglück dieses Lebens [c], dem Tode [d] selbst und den ewigen Qualen der Hölle [e] ausgeliefert.

a. 1Mo 3,8+10+17+24 siehe da

Jes 59,1+2 Siehe, die Hand des HERRN ist nicht zu kurz zum Retten und sein Ohr nicht zu schwer zum Hören; sondern eure Missetaten trennen euch von eurem Gott, und eure Sünden verbergen sein Angesicht vor euch, dass er nicht hört!

b. Eph 2,2-3 … Sünden, in denen ihr einst gelebt habt nach dem Lauf dieser Welt, gemäß dem Fürsten, der in der Luft herrscht, dem Geist, der jetzt in den Söhnen des Ungehorsams wirkt; unter ihnen führten auch wir alle einst unser Leben in den Begierden unseres Fleisches, indem wir den Willen des Fleisches und der Gedanken taten; und wir waren von Natur Kinder des Zorns, wie auch die anderen.

Gal 3,10 Denn alle, die aus Werken des Gesetzes sind, die sind unter dem Fluch; denn es steht geschrieben: »Verflucht ist jeder, der nicht bleibt in allem, was im Buch des Gesetzes geschrieben steht, um es zu tun«.

c. Kl 3,39 Was beklagt sich der Mensch, der noch am Leben ist? Es hätte sich wahrlich jeder über seine Sünde zu beklagen!

d. Röm 6,23 Denn der Lohn der Sünde ist der Tod; aber die Gnadengabe Gottes ist das ewige Leben in Christus Jesus, unserem Herrn.

Hes 18,4 Siehe, alle Seelen gehören mir! Wie die Seele des Vaters mir gehört, so gehört mir auch die Seele des Sohnes. Die Seele, die sündigt, soll sterben!

e. Mt 25,41+46 Dann wird er auch denen zur Linken sagen: Geht hinweg von mir, ihr Verfluchten, in das ewige Feuer, das dem Teufel und seinen

Engeln bereitet ist! ... 46 Und sie werden in die ewige Strafe hingehen, die Gerechten aber in das ewige Leben.

Fragen zum Gespräch:

- o *Was bedeutet es, dass wir die Gemeinschaft mit Gott verloren haben?*
- o *Wer ist unter Gottes Zorn und Fluch?*
- o *Wer wird ewig die Qualen der Hölle erdulden müssen?*
- o *Wie können wir wissen, dass es wirklich eine Hölle gibt?*
- o *Wie kann ein Mensch dem Zorn und Fluch Gottes und damit der ewigen Höllenstrafe entkommen?*
- o *Als Illustration kann der Anfang von Bunyans „Pilgerreise" dienen.*

VI. Die Lehre von der Erlösung

21. Frage: Hat Gott alle Menschen dahingegeben, dass sie in dem Zustand der Sünde und des Unglücks zugrunde gehen?

Antwort: Nein! Gott hat allein aufgrund seines Wohlgefallens von Ewigkeit her einige zum ewigen Leben erwählt [a]. Im Bund der Gnade hat Er einen Weg des Heils geschaffen: Alle, die von Gott erwählt sind, werden durch den Erlöser Jesus Christus aus dem Zustand der Sünde und des Unglücks errettet und in den Zustand des Heils gebracht [b].

- a. Eph 1,3+4 Gepriesen sei der Gott und Vater unseres Herrn Jesus Christus, der uns gesegnet hat mit jedem geistlichen Segen in den himmlischen Regionen in Christus, wie er uns in ihm auserwählt hat vor Grundlegung der Welt, damit wir heilig und tadellos vor ihm seien in Liebe.

  Apg 13,48b ... und es wurden alle die gläubig, die zum ewigen Leben bestimmt waren.

2Tim 1,9 Er hat uns ja errettet und berufen mit einem heiligen Ruf, nicht aufgrund unserer Werke, sondern aufgrund seines eigenen Vorsatzes und der Gnade, die uns in Christus Jesus vor ewigen Zeiten gegeben wurde,

b. 1Mo 3,15 Und ich will Feindschaft setzen zwischen dir und der Frau, zwischen deinem Samen und ihrem Samen: Er wird dir den Kopf zertreten, und du wirst ihn in die Ferse stechen.

Röm 3,21-22 Jetzt aber ist außerhalb des Gesetzes die Gerechtigkeit Gottes offenbar gemacht worden, die von dem Gesetz und den Propheten bezeugt wird, nämlich die Gerechtigkeit Gottes durch den Glauben an Jesus Christus, die zu allen und auf alle [kommt], die glauben.

Gal 3,21-22 Ist nun das Gesetz gegen die Verheißungen Gottes? Das sei ferne! Denn wenn ein Gesetz gegeben wäre, das lebendig machen könnte, so käme die Gerechtigkeit wirklich aus dem Gesetz. Aber die Schrift hat alles unter die Sünde zusammengeschlossen, damit die Verheißung aufgrund des Glaubens an Jesus Christus denen gegeben würde, die glauben.

Fragen zum Gespräch:

- o *Warum hat Gott einen Bund der Gnade geschlossen?*
- o *Welche Menschen haben Anteil am Gnadenbund?*
- o *Wie wird man aus dem Zustand der Sünde und des Unglücks erlöst?*

22. Frage: Wer ist der Erlöser der Auserwählten Gottes?

Antwort: Der einzige Erlöser der Auserwählten Gottes ist der Herr Jesus Christus [a], der der ewige Sohn Gottes ist und Mensch wurde [b]. So war und bleibt er Gott und Mensch - zwei unterschiedliche Naturen [c] in einer Person für ewig [d] vereinigt.

a. 1Tim 2,5-6 Denn es ist ein Gott und ein Mittler zwischen Gott und den Menschen, der Mensch Christus Jesus, der sich selbst als Lösegeld für alle gegeben hat.

Apg 4,12 Und es ist in keinem anderen das Heil; denn es ist kein anderer Name unter dem Himmel den Menschen gegeben, in dem wir gerettet werden sollen!

b. Joh 1,14 Und das Wort wurde Fleisch und wohnte unter uns; und wir sahen seine Herrlichkeit, eine Herrlichkeit als des Eingeborenen vom Vater, voller Gnade und Wahrheit.

Gal 4,4 Als aber die Zeit erfüllt war, sandte Gott seinen Sohn, geboren von einer Frau und unter das Gesetz getan, …

Hebr 2,14 Da nun die Kinder an Fleisch und Blut Anteil haben, ist er gleichermaßen dessen teilhaftig geworden, damit er durch den Tod den außer Wirksamkeit setzte, der die Macht des Todes hatte, nämlich den Teufel, …

c. Röm 9,5 … ihnen gehören auch die Väter an, und von ihnen stammt dem Fleisch nach der Christus, der über alle ist, hochgelobter Gott in Ewigkeit.

Lk 1,35 Und der Engel antwortete und sprach zu ihr: Der Heilige Geist wird über dich kommen, und die Kraft des Höchsten wird dich überschatten. Darum wird auch das Heilige, das geboren wird, Gottes Sohn genannt werden.

Kol 2,9 Denn in ihm wohnt die ganze Fülle der Gottheit leibhaftig; …

d. Hebr 7,24-25 … er aber hat, weil er in Ewigkeit bleibt, ein unübertragbares Priestertum. Daher kann er auch diejenigen vollkommen erretten, die durch ihn zu Gott kommen, weil er für immer lebt, um für sie einzutreten.

Hebr 13,8 Jesus Christus ist derselbe gestern und heute und auch in Ewigkeit!

Fragen zum Gespräch:

o *Können Menschen errettet werden, die nicht an den Herrn Jesus Christus glauben?*

o *Warum brauchen wir einen Erlöser, der zugleich Gott und Mensch ist?*

o *Warum ist der Herr Jesus Christus der einzige Erlöser?*

o *Nenne einige Bibelstellen, die zeigen, dass der Herr Jesus wahrer Gott ist.*

o *Nenne einige Bibelstellen, die zeigen, dass der Herr Jesus wirklich Mensch geworden ist und in Ewigkeit Mensch bleiben wird.*

23. Frage: Wie wurde Jesus Christus, der Sohn Gottes, Mensch?

Antwort: Jesus Christus, der Sohn Gottes, wurde Mensch, indem er einen wirklichen Leib [a] und eine vernunftbegabte Seele [b] annahm. Dies tat er, indem er durch die Kraft des Heiligen Geistes im Leib der Jungfrau Maria empfangen und von ihr geboren wurde [c], jedoch ohne Sünde [d].

a. Hebr 2,14+17 Da nun die Kinder an Fleisch und Blut Anteil haben, ist er gleichermaßen dessen teilhaftig geworden, damit er durch den Tod den außer Wirksamkeit setzte, der die Macht des Todes hatte, nämlich den Teufel, … 17 Daher musste er in jeder Hinsicht den Brüdern ähnlich werden, damit er ein barmherziger und treuer Hoherpriester würde in dem, was Gott betrifft, um die Sünden des Volkes zu sühnen;

    Hebr 10,5 Darum spricht er bei seinem Eintritt in die Welt: »Opfer und Gaben hast du nicht gewollt; einen Leib aber hast du mir bereitet.

b. Mt 26,38 Da spricht er zu ihnen: Meine Seele ist tief betrübt bis zum Tod. Bleibt hier und wacht mit mir!

c. Lk 1,26+27+31+35 Im sechsten Monat aber wurde der Engel Gabriel von Gott in eine Stadt Galiläas namens Nazareth gesandt, 27 zu einer Jungfrau, die verlobt war mit einem Mann namens Joseph, aus dem Haus Davids; und der Name der Jungfrau war Maria. … 31 Und siehe, du wirst schwanger werden und einen Sohn gebären; und du sollst ihm den Namen Jesus geben. … 35 Und der Engel antwortete und sprach zu ihr: Der Heilige Geist wird über dich kommen, und die Kraft des Höchsten wird dich überschatten. Darum wird auch das Heilige, das geboren wird, Gottes Sohn genannt werden.

    Gal 4,4 Als aber die Zeit erfüllt war, sandte Gott seinen Sohn, geboren von einer Frau und unter das Gesetz getan.

d. Hebr 4,15 Denn wir haben nicht einen Hohenpriester, der kein Mitleid haben könnte mit unseren Schwachheiten, sondern einen, der in allem versucht worden ist in ähnlicher Weise [wie wir], doch ohne Sünde.

    Hebr 7,26 Denn ein solcher Hoherpriester tat uns not, der heilig, unschuldig, unbefleckt, von den Sündern abgesondert und höher als die Himmel ist, …

Fragen zum Gespräch:

o   *Worin war die Geburt Jesu anders als die aller anderen Menschen?*

o   *Warum war Jesus Christus trotzdem ein wirklicher Mensch?*

o   *Wieso steht da „… der Jungfrau Maria …"?*

24. Frage: Welche Ämter übt Christus als Erlöser aus?

Antwort: Christus übt als Erlöser das Amt eines Propheten[a], eines Priester[b] und eines Königs[c] aus, und zwar sowohl im Zustand seiner Erniedrigung als auch in dem seiner Erhöhung.

a. Apg 3,21-22 Jesus Christus, den der Himmel aufnehmen muss bis zu den Zeiten der Wiederherstellung alles dessen, wovon Gott durch den Mund aller seiner heiligen Propheten von alters her geredet hat. Denn Mose hat zu den Vätern gesagt: »Einen Propheten wie mich wird euch der Herr, euer Gott, erwecken aus euren Brüdern; auf ihn sollt ihr hören in allem, was er zu euch reden wird«.

Hebr 12,25 Habt acht, dass ihr den nicht abweist, der redet! Denn wenn jene nicht entflohen sind, die den abgewiesen haben, der auf der Erde göttliche Weisungen verkündete, wie viel weniger wir, wenn wir uns von dem abwenden, der es vom Himmel herab tut!

2Kor 13,3 … weil ihr ja einen Beweis verlangt, dass Christus durch mich redet, der euch gegenüber nicht schwach ist, sondern mächtig unter euch.

b. Hebr 5,5-7 So hat auch der Christus sich nicht selbst die Würde beigelegt, ein Hoherpriester zu werden, sondern der, welcher zu ihm sprach: »Du bist mein Sohn; heute habe ich dich gezeugt«. Wie er auch an anderer Stelle spricht: »Du bist Priester in Ewigkeit nach der Weise Melchisedeks«. Dieser hat in den Tagen seines Fleisches sowohl Bitten als auch Flehen mit lautem Rufen und Tränen dem dargebracht, der ihn aus dem Tod erretten konnte, und ist auch erhört worden um seiner Gottesfurcht willen.

Hebr 7,21b-25 »Der Herr hat geschworen, und es wird ihn nicht gereuen: Du bist Priester in Ewigkeit nach der Weise Melchisedeks« -, [insofern] ist Jesus umso mehr der Bürge eines besseren Bundes geworden. Und jene sind in großer Anzahl Priester geworden, weil der Tod sie am Bleiben hinderte; er aber hat, weil er in Ewigkeit bleibt, ein unübertragbares Priestertum. Daher kann er auch diejenigen vollkommen erretten, die durch ihn zu Gott kommen, weil er für immer lebt, um für sie einzutreten.

c. Ps 2,6-11 »Ich habe meinen König eingesetzt auf Zion, meinem heiligen Berg!« — Ich will den Ratschluss des HERRN verkünden; er hat zu mir gesagt: »Du bist mein Sohn, heute habe ich dich gezeugt. Erbitte von mir, so will ich dir die Heidenvölker zum Erbe geben und die Enden der Erde zu deinem Eigentum. Du sollst sie mit eisernem Zepter zerschmettern, wie Töpfergeschirr sie zerschmeißen!« So nehmt nun Verstand an, ihr Könige, und lasst euch warnen, ihr Richter der Erde! Dient dem HERRN mit Furcht und frohlockt mit Zittern.

Jes 9,6 Die Mehrung der Herrschaft und der Friede werden kein Ende haben auf dem Thron Davids und über seinem Königreich, dass er es gründe und festige mit Recht und Gerechtigkeit von nun an bis in Ewigkeit.

Mt 21,5 »Sagt der Tochter Zion: Siehe, dein König kommt zu dir demütig und reitend auf einem Esel, und zwar auf einem Füllen, dem Jungen des Lasttiers«.

Fragen zum Gespräch:

○ *Gibt es noch jemanden in der Bibel, der gleichzeitig Prophet, Priester und König war?*

○ *Gib weitere Beispiele für Propheten, Priester und Könige in der Bibel an. War einer der genannten Personen vollkommen in seinem Amt?*

25. Frage: Wie übt Christus das Amt eines Propheten aus?

Antwort: Christus übt das Amt eines Propheten aus, indem er uns durch sein Wort und seinen Geist den Willen Gottes für unser Heil offenbart. [a]

a. Joh 1,18 Niemand hat Gott je gesehen; der eingeborene Sohn, der im Schoß des Vaters ist, der hat Aufschluss [über ihn] gegeben.

Joh 14,26 … der Beistand aber, der Heilige Geist, den der Vater senden wird in meinem Namen, der wird euch alles lehren und euch an alles erinnern, was ich euch gesagt habe.

Joh 15,15 Ich nenne euch nicht mehr Knechte, denn der Knecht weiß nicht, was sein Herr tut; euch aber habe ich Freunde genannt, weil ich euch alles verkündet habe, was ich von meinem Vater gehört habe.

Joh 20,31 Diese aber sind geschrieben, damit ihr glaubt, dass Jesus der Christus, der Sohn Gottes ist, und damit ihr durch den Glauben Leben habt in seinem Namen.

1Pe 1,10-12 Wegen dieser Errettung haben die Propheten gesucht und nachgeforscht, die von der euch zuteilgewordenen Gnade geweissagt haben. Sie haben nachgeforscht, auf welche und was für eine Zeit der

Geist des Christus in ihnen hindeutete, der die für Christus bestimmten Leiden und die darauf folgenden Herrlichkeiten zuvor bezeugte. Ihnen wurde geoffenbart, dass sie nicht sich selbst, sondern uns dienten mit dem, was euch jetzt bekannt gemacht worden ist durch diejenigen, welche euch das Evangelium verkündigt haben im Heiligen Geist, der vom Himmel gesandt wurde — Dinge, in welche auch die Engel hineinzuschauen begehren.

Fragen zum Gespräch:

- *Was ist die Aufgabe eines Propheten?*
- *Nenne 3 Dinge, die Christus uns als unser Prophet geoffenbart hat.*
- *Warum musste unser Erlöser ein Prophet sein?*

26. Frage: Wie übt Christus das Amt eines Priesters aus?

Antwort: Christus übt das Amt eines Priesters aus,

- *indem er sich selbst ein für alle Mal als Opfer für die Sünden seines Volkes dargebracht hat, um die Gerechtigkeit Gottes zu befriedigen* [a]
- *und sie mit Gott zu versöhnen* [b],
- *und indem er fortwährend für sie als Fürsprecher eintritt* [c].

a. Hebr 9,14+28 wie viel mehr wird das Blut des Christus, der sich selbst durch den ewigen Geist als ein makelloses Opfer Gott dargebracht hat, euer Gewissen reinigen von toten Werken, damit ihr dem lebendigen Gott dienen könnt. … 28 so wird der Christus, nachdem er sich einmal zum Opfer dargebracht hat, um die Sünden vieler auf sich zu nehmen, zum zweiten Mal denen erscheinen, die auf ihn warten, nicht wegen der Sünde, sondern zum Heil.

b Hebr 2,17 Daher musste er in jeder Hinsicht den Brüdern ähnlich werden, damit er ein barmherziger und treuer Hoherpriester würde in dem, was Gott betrifft, um die Sünden des Volkes zu sühnen;

Röm 5,10 Denn wenn wir mit Gott versöhnt worden sind durch den Tod seines Sohnes, als wir noch Feinde waren, wie viel mehr werden wir als Versöhnte gerettet werden durch sein Leben!

c. Hebr 7,24-25 … er aber hat, weil er in Ewigkeit bleibt, ein unübertragbares Priestertum. Daher kann er auch diejenigen vollkommen erretten,

die durch ihn zu Gott kommen, weil er für immer lebt, um für sie einzutreten.

Fragen zum Gespräch:

○ *Was ist die Aufgabe eines Priesters?*

○ *Nenne 3 Dinge, die Christus als unser Priester für uns getan hat / tut?*

○ *Warum musste unser Erlöser ein Priester sein?*

27. Frage: Wie übt Christus das Amt eines Königs aus?

Antwort: Christus übt das Amt des Königs aus,

○ *indem er seine Gemeinde aus der Welt beruft, damit sie sein Volk sei[a].*

○ *Er herrscht[b] über sein Volk und verteidigt es[c].*

○ *Er unterwirft[d], erlöst[e], bewahrt[f] und segnet[g] seine Erwählten.*

○ *Er hält alle seine und ihre Feinde zurück, besiegt sie und übt Vergeltung an ihnen[h].*

a. Apg 15,14-17 Simon hat erzählt, wie Gott zuerst sein Augenmerk darauf richtete, aus den Heiden ein Volk für seinen Namen anzunehmen.
Und damit stimmen die Worte der Propheten überein, wie geschrieben
steht: »Nach diesem will ich zurückkehren und die zerfallene Hütte Davids wieder aufbauen, und ihre Trümmer will ich wieder bauen und sie
wieder aufrichten, damit die Übriggebliebenen der Menschen den Herrn
suchen, und alle Heiden, über die mein Name ausgerufen worden ist,
spricht der Herr, der all dies tut.«

Mt 16,18 Und ich sage dir auch: Du bist Petrus, und auf diesen Felsen
will ich meine Gemeinde bauen, und die Pforten des Totenreiches sollen sie nicht überwältigen.

1Pe 2,9-10 Ihr aber seid ein auserwähltes Geschlecht, ein königliches
Priestertum, ein heiliges Volk, ein Volk des Eigentums, damit ihr die
Tugenden dessen verkündet, der euch aus der Finsternis berufen hat
zu seinem wunderbaren Licht — euch, die ihr einst nicht ein Volk wart,
jetzt aber Gottes Volk seid, und einst nicht begnadigt wart, jetzt aber
begnadigt seid.

b. Eph 1,22 … und er hat alles seinen Füßen unterworfen und ihn als
Haupt über alles der Gemeinde gegeben, …

Eph 4,11-12 Und Er hat etliche als Apostel gegeben, etliche als Propheten, etliche als Evangelisten, etliche als Hirten und Lehrer, zur Zurüstung der Heiligen, für das Werk des Dienstes, für die Erbauung des Leibes des Christus, …

Jes 33,22 Denn der HERR ist unser Richter, der HERR ist unser Gesetzgeber, der HERR ist unser König; er wird uns retten!

c. Mt 16,18 siehe oben

Jes 32,1-2 Siehe, ein König wird in Gerechtigkeit regieren, und Fürsten werden gemäß dem Recht herrschen; und ein Mann wird sein wie ein Bergungsort vor dem Wind und wie ein Schutz vor dem Unwetter, wie Wasserbäche in einer dürren Gegend, wie der Schatten eines mächtigen Felsens in einem erschöpften Land.

d. Ps 110,2-3 Der HERR wird das Zepter deiner Macht ausstrecken von Zion: Herrsche inmitten deiner Feinde! Dein Volk ist willig am Tag deines Kriegszuges; in heiligem Schmuck, aus dem Schoß der Morgenröte, tritt der Tau deiner Jungmannschaft hervor.

e. Apg 5,31 Diesen hat Gott zum Fürsten und Retter zu seiner Rechten erhöht, um Israel Buße und Vergebung der Sünden zu gewähren.

f. Jes 63,9 Bei all ihrer Bedrängnis war er auch bedrängt, und der Engel seines Angesichts rettete sie; in seiner Liebe und seinem Erbarmen hat er sie erlöst; er nahm sie auf und trug sie alle Tage der Vorzeit.

g. Off 22,12 Und siehe, ich komme bald und mein Lohn mit mir, um einem jeden so zu vergelten, wie sein Werk sein wird.

h. 1Kor 15,25+26 Denn er muss herrschen, bis er alle Feinde unter seine Füße gelegt hat. Als letzter Feind wird der Tod beseitigt.

2Thes 1,6-9 wie es denn gerecht ist vor Gott, dass er denen, die euch bedrängen, mit Bedrängnis vergilt, euch aber, die ihr bedrängt werdet, mit Ruhe gemeinsam mit uns, bei der Offenbarung des Herrn Jesus vom Himmel her mit den Engeln seiner Macht, in flammendem Feuer, wenn er Vergeltung üben wird an denen, die Gott nicht anerkennen, und an denen, die dem Evangelium unseres Herrn Jesus Christus nicht gehorsam sind. Diese werden Strafe erleiden, ewiges Verderben, vom Angesicht des Herrn und von der Herrlichkeit seiner Kraft, …

Fragen zum Gespräch:

o *Was ist die Aufgabe eines Königs?*

o *Nenne 3 Dinge, die Christus als unser König für uns getan hat / tut.*

o *Wer sind die Feinde der Erlösten des Herrn?*

Ein kleiner Katechismus

○ *Warum musste unser Erlöser ein König sein?*

28. Frage: Worin bestand Christi Erniedrigung?

Antwort: Christi Erniedrigung bestand darin,

○ *dass er als Mensch in Niedrigkeit geboren[a] und unter das Gesetz getan wurde[b];*

○ *dass er das Elend dieses Lebens[c], den Zorn Gottes[d] und den Fluch des Kreuzestodes auf sich nahm[e],*

○ *dass er begraben wurde[f] und für eine Zeitlang in der Gewalt des Todes blieb[g].*

a. Lk 2,7 Und sie gebar ihren Sohn, den Erstgeborenen, und wickelte ihn in Windeln und legte ihn in die Krippe, weil für sie kein Raum war in der Herberge.

b. Gal 4,4 Als aber die Zeit erfüllt war, sandte Gott seinen Sohn, geboren von einer Frau und unter das Gesetz getan

c. Hebr 12,2+3 indem wir hinschauen auf Jesus, den Anfänger und Vollender des Glaubens, der um der vor ihm liegenden Freude willen das Kreuz erduldete und dabei die Schande für nichts achtete, und der sich zur Rechten des Thrones Gottes gesetzt hat. Achtet doch auf ihn, der solchen Widerspruch von den Sündern gegen sich erduldet hat, damit ihr nicht müde werdet und den Mut verliert!

Jes 53,2+3 Er wuchs auf vor ihm wie ein Schössling, wie ein Wurzelspross aus dürrem Erdreich. Er hatte keine Gestalt und keine Pracht; wir sahen ihn, aber sein Anblick gefiel uns nicht. Verachtet war er und verlassen von den Menschen, ein Mann der Schmerzen und mit Leiden vertraut; wie einer, vor dem man das Angesicht verbirgt, so verachtet war er, und wir achteten ihn nicht.

d. Lk 22,44 Und er war in ringendem Kampf und betete inbrünstiger; sein Schweiß wurde aber wie Blutstropfen, die auf die Erde fielen.

Mt 27,46 Und um die neunte Stunde rief Jesus mit lauter Stimme: Eli, Eli, lama sabachthani, das heißt: »Mein Gott, mein Gott, warum hast du mich verlassen?«

e. Phil 2,8 ... und in seiner äußeren Erscheinung als ein Mensch erfunden, erniedrigte er sich selbst und wurde gehorsam bis zum Tod, ja bis zum Tod am Kreuz.

f. 1Kor 15,3+4 Denn ich habe euch zuallererst das überliefert, was ich auch empfangen habe, nämlich dass Christus für unsere Sünden gestorben ist, nach den Schriften, und dass er begraben worden ist und dass er auferstanden ist am dritten Tag, nach den Schriften,

g. Apg 2,24-27,31 Ihn hat Gott auferweckt, indem er die Wehen des Todes auflöste, weil es ja unmöglich war, dass Er von ihm festgehalten würde. David nämlich sagt von ihm: »Ich sah den Herrn allezeit vor mir, denn er ist zu meiner Rechten, dass ich nicht wanke. Darum freute sich mein Herz, und meine Zunge frohlockte; zudem wird auch mein Fleisch auf Hoffnung ruhen; denn du wirst meine Seele nicht dem Totenreich preisgeben und nicht zulassen, dass dein Heiliger die Verwesung sieht. ... hat er vorausschauend von der Auferstehung des Christus geredet, dass seine Seele nicht dem Totenreich preisgegeben worden ist und auch sein Fleisch die Verwesung nicht gesehen hat.

Fragen zum Gespräch:

o *War es unbedingt notwendig, dass der Herr Jesus Christus derart erniedrigt wurde?*

o *Welches war der tiefste Punkt dieser Erniedrigung?*

o *Warum hat er all das freiwillig ertragen?*

29. Frage: Worin besteht Christi Erhöhung?

Antwort: Christi Erhöhung besteht

o *in seiner Auferstehung von den Toten am dritten Tage [a],*

o *in seiner Himmelfahrt [b],*

o *in seinem Sitzen zur Rechten Gottes, des Vaters [c]*

o *und in seiner Wiederkunft zum Weltgericht am Jüngsten Tag [d].*

a. 1Kor 15,4 ... und dass er begraben worden ist und dass er auferstanden ist am dritten Tag, nach den Schriften, ...

b. Mk 16,19 Der Herr nun wurde, nachdem er mit ihnen geredet hatte, aufgenommen in den Himmel und setzte sich zur Rechten Gottes.

Apg 1,9-11 Und als er dies gesagt hatte, wurde er vor ihren Augen emporgehoben, und eine Wolke nahm ihn auf von ihren Augen weg. Und als sie unverwandt zum Himmel blickten, während er dahinfuhr, siehe, da standen zwei Männer in weißer Kleidung bei ihnen, die sprachen:

Ihr Männer von Galiläa, was steht ihr hier und seht zum Himmel? Dieser Jesus, der von euch weg in den Himmel aufgenommen worden ist, wird in derselben Weise wiederkommen, wie ihr ihn habt in den Himmel auffahren sehen!

c. Eph 1,20+21 Die hat er wirksam werden lassen in dem Christus, als er ihn aus den Toten auferweckte und ihn zu seiner Rechten setzte in den himmlischen [Regionen], hoch über jedes Fürstentum und jede Gewalt, Macht und Herrschaft und jeden Namen, der genannt wird, nicht allein in dieser Weltzeit, sondern auch in der zukünftigen;

Phil 2,9-11 Darum hat ihn Gott auch über alle Maßen erhöht und ihm einen Namen verliehen, der über allen Namen ist, damit in dem Namen Jesu sich alle Knie derer beugen, die im Himmel und auf Erden und unter der Erde sind, und alle Zungen bekennen, dass Jesus Christus der Herr ist, zur Ehre Gottes, des Vaters.

d. Apg 17,31 … weil er einen Tag festgesetzt hat, an dem er den Erdkreis in Gerechtigkeit richten wird durch einen Mann, den er dazu bestimmt hat und den er für alle beglaubigte, indem er ihn aus den Toten auferweckt hat.

Fragen zum Gespräch:

- Warum musste der Herr Jesus Christus erhöht werden?
- Nenne 3 Dinge, wie Gott Christus erhöht hat.
- Was wäre, wenn Christus nicht auferstanden wäre?

30. Frage: Wie bekommen wir Anteil an der Erlösung, die Christus für alle seine Erwählten vollbracht hat?

Antwort: Wir bekommen Anteil an der von Christus vollbrachten Erlösung, indem Gott, der Vater [a], sie uns [b] durch die Wirksamkeit des Heiligen Geist [c] zueignet.

a. Röm 8,29 Denn die er zuvor ersehen hat, die hat er auch vorherbestimmt, dem Ebenbild seines Sohnes gleichgestaltet zu werden, damit er der Erstgeborene sei unter vielen Brüdern.

b. Joh 1,11+12 Er kam in sein Eigentum, und die Seinen nahmen ihn nicht auf. Allen aber, die ihn aufnahmen, denen gab er das Anrecht, Kinder Gottes zu werden, denen, die an seinen Namen glauben;

c. Tit 3,4-6 Als aber die Freundlichkeit und Menschenliebe Gottes, unseres Retters, erschien, da hat er uns — nicht um der Werke der Gerechtigkeit willen, die wir getan hätten, sondern aufgrund seiner Barmherzigkeit — errettet durch das Bad der Wiedergeburt und durch die Erneuerung des Heiligen Geistes, den er reichlich über uns ausgegossen hat durch Jesus Christus, unseren Retter,

Fragen zum Gespräch:

o *Kann jemand ohne das Wirken des Heiligen Geistes errettet werden?*

o *Warum ist dieses Wirken des Heiligen Geistes unbedingt notwendig?*

o *Können wir uns denn nicht von uns aus dafür entscheiden, Jesus als Erlöser anzunehmen?*

31. Frage: **Wie eignet der Vater seinen Auserwählten die von Christus erworbene Erlösung durch den Heiligen Geist zu?**

Antwort: Der Vater eignet seinen Auserwählten die von Christus erworbene Erlösung durch den Heiligen Geist zu,

o *indem er Glauben in ihnen wirkt [a],*

o *sie wirksam beruft*

o *und sie mit Christus eins macht [b].*

a. Joh 6,37+39 Alles, was mir der Vater gibt, wird zu mir kommen; und wer zu mir kommt, den werde ich nicht hinausstoßen. ... 39 Und das ist der Wille des Vaters, der mich gesandt hat, dass ich nichts verliere von allem, was er mir gegeben hat, sondern dass ich es auferwecke am letzten Tag.

Eph 2,8 Denn aus Gnade seid ihr errettet durch den Glauben, und das nicht aus euch — Gottes Gabe ist es;

Phil 1,29 Denn euch wurde, was Christus betrifft, die Gnade verliehen, nicht nur an ihn zu glauben, sondern auch um seinetwillen zu leiden,

Joh 1,12-13 Allen aber, die ihn aufnahmen, denen gab er das Anrecht, Kinder Gottes zu werden, denen, die an seinen Namen glauben; die nicht aus dem Blut, noch aus dem Willen des Fleisches, noch aus dem Willen des Mannes, sondern aus Gott geboren sind.

Ein kleiner Katechismus

Joh 3,5 Jesus antwortete: Wahrlich, wahrlich, ich sage dir: Wenn jemand nicht aus Wasser und Geist geboren wird, so kann er nicht in das Reich Gottes eingehen!

b. 1Kor 1,9 Gott ist treu, durch den ihr berufen seid zur Gemeinschaft mit seinem Sohn Jesus Christus, unserem Herrn.

Joh 6,44 Niemand kann zu mir kommen, es sei denn, dass ihn der Vater zieht, der mich gesandt hat; und ich werde ihn auferwecken am letzten Tag.

Fragen zum Gespräch:

- ○ *Warum können wir nicht ohne das Wirken des Heiligen Geistes an Christus glauben?*
- ○ *Was bedeutet „wirksam berufen"?*
- ○ *Was heißt es, mit Christus eins gemacht zu sein?*
- ○ *Beschreibe am Beispiel des Schächers am Kreuz (Lk 23,39-43), das Minimum eines errettenden Glaubens.*

32. Frage: Was ist die wirksame Berufung?

Antwort: Die wirksame Berufung ist das kraft- und gnadenvolle Wirken Gottes, des Vaters[a], womit er[b] durch sein Wort[c] und seinen Geist[d] seine Auserwählten[e] zu Jesus Christus ruft und zieht[f],

- ○ *indem er sie von ihren Sünden und ihrem Elend überführt[g],*
- ○ *ihren Verstand durch die Erkenntnis Jesu Christi erleuchtet[h],*
- ○ *ihren Willen erneuert[i],*
- ○ *und sie dadurch willig und fähig macht, Jesus Christus im Glauben zu ergreifen, der allen Menschen im Evangelium umsonst angeboten wird[j].*

a. 2Tim 1,8-9 So schäme dich nun nicht des Zeugnisses von unserem Herrn, auch nicht meinetwegen, der ich sein Gefangener bin; sondern leide mit [uns] für das Evangelium in der Kraft Gottes. Er hat uns ja errettet und berufen mit einem heiligen Ruf, nicht aufgrund unserer Werke, sondern aufgrund seines eigenen Vorsatzes und der Gnade, die uns in Christus Jesus vor ewigen Zeiten gegeben wurde, ...

b. 1Kor 1,9 Gott ist treu, durch den ihr berufen seid zur Gemeinschaft mit seinem Sohn Jesus Christus, unserem Herrn.

Röm 8,29-30 Denn die er zuvor ersehen hat, die hat er auch vorherbestimmt, dem Ebenbild seines Sohnes gleichgestaltet zu werden, damit er der Erstgeborene sei unter vielen Brüdern. Die er aber vorherbestimmt hat, die hat er auch berufen, die er aber berufen hat, die hat er auch gerechtfertigt, die er aber gerechtfertigt hat, die hat er auch verherrlicht.

c. Apg 2,37 Als sie aber das hörten, drang es ihnen durchs Herz, und sie sprachen zu Petrus und den übrigen Aposteln: Was sollen wir tun, ihr Männer und Brüder?

2Thes 2,13-14 Wir aber sind es Gott schuldig, allezeit für euch zu danken, vom Herrn geliebte Brüder, dass Gott euch von Anfang an zur Errettung erwählt hat in der Heiligung des Geistes und im Glauben an die Wahrheit, wozu er euch berufen hat durch unser Evangelium, damit ihr die Herrlichkeit unseres Herrn Jesus Christus erlangt.

Jak 1,18 Nach seinem Willen hat er uns gezeugt durch das Wort der Wahrheit, damit wir gleichsam Erstlinge seiner Geschöpfe seien.

1Pe 1,23+25 denn ihr seid wiedergeboren nicht aus vergänglichem, sondern aus unvergänglichem Samen, durch das lebendige Wort Gottes, das in Ewigkeit bleibt. ... 25 Das ist aber das Wort, welches euch als Evangelium verkündigt worden ist.

d. Joh 1,12-13 Allen aber, die ihn aufnahmen, denen gab er das Anrecht, Kinder Gottes zu werden, denen, die an seinen Namen glauben; die nicht aus dem Blut, noch aus dem Willen des Fleisches, noch aus dem Willen des Mannes, sondern aus Gott geboren sind.

Joh 3,5 Jesus antwortete: Wahrlich, wahrlich, ich sage dir: Wenn jemand nicht aus Wasser und Geist geboren wird, so kann er nicht in das Reich Gottes eingehen!

Joh 6,63 Der Geist ist es, der lebendig macht, das Fleisch nützt gar nichts. Die Worte, die ich zu euch rede, sind Geist und sind Leben.

e. Röm 8,29+30 siehe oben

2Thess 2,13-14 siehe oben

f. 1Kor 1,9 siehe oben

Joh 6,44 Niemand kann zu mir kommen, es sei denn, dass ihn der Vater zieht, der mich gesandt hat; und ich werde ihn auferwecken am letzten Tag.

g. Joh 16,8-11 Und wenn jener kommt, wird er die Welt überführen von Sünde und von Gerechtigkeit und vom Gericht; von Sünde, weil sie

Ein kleiner Katechismus

nicht an mich glauben; von Gerechtigkeit aber, weil ich zu meinem Vater gehe und ihr mich nicht mehr seht; vom Gericht, weil der Fürst dieser Welt gerichtet ist.

h. Mt 16,16+17 Da antwortete Simon Petrus und sprach: Du bist der Christus, der Sohn des lebendigen Gottes! Und Jesus antwortete und sprach zu ihm: Glückselig bist du, Simon, Sohn des Jona; denn Fleisch und Blut hat dir das nicht geoffenbart, sondern mein Vater im Himmel!

Apg 26,18 ... um ihnen die Augen zu öffnen, damit sie sich bekehren von der Finsternis zum Licht und von der Herrschaft des Satans zu Gott, damit sie Vergebung der Sünden empfangen und ein Erbteil unter denen, die durch den Glauben an mich geheiligt sind!

i. Hes 36,26+27 Und ich will euch ein neues Herz geben und einen neuen Geist in euer Inneres legen; ich will das steinerne Herz aus eurem Fleisch wegnehmen und euch ein fleischernes Herz geben; ja, ich will meinen Geist in euer Inneres legen und werde bewirken, dass ihr in meinen Satzungen wandelt und meine Rechtsbestimmungen befolgt und tut.

Ps 110,3 Dein Volk ist willig am Tag deines Kriegszuges; in heiligem Schmuck, aus dem Schoß der Morgenröte, tritt der Tau deiner Jungmannschaft hervor.

j. Joh 6,44-45 Niemand kann zu mir kommen, es sei denn, dass ihn der Vater zieht, der mich gesandt hat; und ich werde ihn auferwecken am letzten Tag. Es steht geschrieben in den Propheten: »Und sie werden alle von Gott gelehrt sein«. Jeder nun, der vom Vater gehört und gelernt hat, kommt zu mir.

Phil 2,13 denn Gott ist es, der in euch sowohl das Wollen als auch das Vollbringen wirkt nach seinem Wohlgefallen.

5Mo 30,6 Und der HERR, dein Gott, wird dein Herz und das Herz deiner Nachkommen beschneiden, dass du den HERRN, deinen Gott, liebst von ganzem Herzen und von ganzer Seele, damit du lebst.

Mt 11,25-28 Zu jener Zeit begann Jesus und sprach: Ich preise dich, Vater, Herr des Himmels und der Erde, dass du dies vor den Weisen und Klugen verborgen und es den Unmündigen geoffenbart hast! Ja, Vater, denn so ist es wohlgefällig gewesen vor dir. Alles ist mir von meinem Vater übergeben worden, und niemand erkennt den Sohn als nur der Vater; und niemand erkennt den Vater als nur der Sohn und der, welchem der Sohn es offenbaren will. Kommt her zu mir alle, die ihr mühselig und beladen seid, so will ich euch erquicken!

Fragen zum Gespräch:

- Wirkt der Geist Gottes gegen den Willen des Menschen?
- Warum kann sich kein Mensch ohne das Wirken des Geistes Gottes für Jesus entscheiden?
- Warum ist die Verkündigung von der Sündhaftigkeit des Menschen ein notwendiger Teil des Evangeliums?
- Warum muss unser Verstand erleuchtet werden?
- Was verstehen wir unter „Evangelium"?

33. Frage: **Welche Segnungen genießen in diesem Leben die wirksam Berufenen?**

Antwort: Die wirksam Berufenen sind gesegnet mit

- der Rechtfertigung [a],
- der Kindschaft [b],
- der Heiligung
- und all den verschiedenen Segnungen, die damit verbunden sind oder daraus folgen [c].

a. Röm 8,30 Die er aber vorherbestimmt hat, die hat er auch berufen, die er aber berufen hat, die hat er auch gerechtfertigt, die er aber gerechtfertigt hat, die hat er auch verherrlicht.

b. Eph 1,5 Er hat uns vorherbestimmt zur Sohnschaft für sich selbst durch Jesus Christus, nach dem Wohlgefallen seines Willens, ...

c. 1Kor 1,26+30 Seht doch eure Berufung an, ihr Brüder! Da sind nicht viele Weise nach dem Fleisch, nicht viele Mächtige, nicht viele Vornehme; ... 30 Durch ihn aber seid ihr in Christus Jesus, der uns von Gott gemacht worden ist zur Weisheit, zur Gerechtigkeit, zur Heiligung und zur Erlösung,

1Kor 6,11 Und solche sind etliche von euch gewesen; aber ihr seid abgewaschen, ihr seid geheiligt, ihr seid gerechtfertigt worden in dem Namen des Herrn Jesus und in dem Geist unseres Gottes!

Fragen zum Gespräch:
- Was ist in diesem Zusammenhang mit „Segnung" gemeint?
- Nenne einige Segnungen, die aus der Gotteskindschaft folgen.

34. Frage: Was ist Rechtfertigung?

Antwort: Die Rechtfertigung ist ein Werk der freien Gnade Gottes [a] an solchen Sündern, die zu Jesus Christus wirksam berufen sind [b];

- *wodurch er ihnen alle ihre Sünden vergibt [c]*
- *und sie als gerecht in seinen Augen annimmt [d];*
- *und das nur um der Gerechtigkeit Christi willen, die er ihnen zurechnet [e] und die allein durch Glauben an Christus erlangt wird [f].*

a. Röm 3,24-25 … sodass sie ohne Verdienst gerechtfertigt werden durch seine Gnade aufgrund der Erlösung, die in Christus Jesus ist. Ihn hat Gott zum Sühnopfer bestimmt, [das wirksam wird] durch den Glauben an sein Blut, um seine Gerechtigkeit zu erweisen, weil er die Sünden ungestraft ließ, die zuvor geschehen waren, …

b. Röm 8,30 Die er aber vorherbestimmt hat, die hat er auch berufen, die er aber berufen hat, die hat er auch gerechtfertigt, die er aber gerechtfertigt hat, die hat er auch verherrlicht.

c. Röm 4,6-8 Ebenso preist auch David den Menschen glückselig, dem Gott ohne Werke Gerechtigkeit anrechnet: »Glückselig sind die, deren Gesetzlosigkeiten vergeben und deren Sünden zugedeckt sind; glückselig ist der Mann, dem der Herr die Sünde nicht anrechnet!«

d. 2Kor 5,19+21 … weil nämlich Gott in Christus war und die Welt mit sich selbst versöhnte, indem er ihnen ihre Sünden nicht anrechnete und das Wort der Versöhnung in uns legte… 21 Denn er hat den, der von keiner Sünde wusste, für uns zur Sünde gemacht, damit wir in ihm [zur] Gerechtigkeit Gottes würden.

e. Röm 5,17-19 Denn wenn infolge der Übertretung des einen der Tod zur Herrschaft kam durch den einen, wie viel mehr werden die, welche den Überfluss der Gnade und das Geschenk der Gerechtigkeit empfangen, im Leben herrschen durch den Einen, Jesus Christus! Also: Wie nun durch die Übertretung des einen die Verurteilung für alle Menschen kam, so kommt auch durch die Gerechtigkeit des Einen für alle Menschen die Rechtfertigung, die Leben gibt. Denn gleichwie durch den Ungehorsam des einen Menschen die Vielen zu Sündern gemacht worden sind, so werden auch durch den Gehorsam des Einen die Vielen zu Gerechten gemacht.

f. Gal 2,15+16 Wir sind [zwar] von Natur Juden und nicht Sünder aus den Heiden; [doch] weil wir erkannt haben, dass der Mensch nicht aus Werken des Gesetzes gerechtfertigt wird, sondern durch den Glauben an

Jesus Christus, so sind auch wir an Christus Jesus gläubig geworden, damit wir aus dem Glauben an Christus gerechtfertigt würden und nicht aus Werken des Gesetzes, weil aus Werken des Gesetzes kein Fleisch gerechtfertigt wird.

Phil 3,9 … damit ich Christus gewinne und in ihm erfunden werde, indem ich nicht meine eigene Gerechtigkeit habe, die aus dem Gesetz kommt, sondern die durch den Glauben an Christus, die Gerechtigkeit aus Gott aufgrund des Glaubens, …

Fragen zum Gespräch:

o *Warum wird Rechtfertigung als „Werk der freien Gnade" Gottes bezeichnet?*
o *Was muss ein Mensch tun, um gerecht vor Gott zu werden?*
o *Warum ist die Antwort auf die vorige Frage nicht „Gutes tun" oder „Gottes Gebote halten"?*
o *Was bedeutet „Gott rechnet den Erlösten Christi Gerechtigkeit zu"?*

35. Frage: Was ist die Annahme zur Kindschaft?

Antwort: Die Annahme zur Kindschaft ist ein Werk der freien Gnade Gottes[a], wodurch alle Gerechtfertigten Kinder Gottes werden und damit ein Anrecht auf alle mit der Kindschaft verbundenen Vorrechte erhalten [b].

a. 1Joh 3,1 Seht, welch eine Liebe hat uns der Vater erwiesen, dass wir Kinder Gottes heißen sollen!
b. Joh 1,12 Allen aber, die ihn aufnahmen, denen gab er das Anrecht, Kinder Gottes zu werden, denen, die an seinen Namen glauben;
Röm 8,16+17 Der Geist selbst gibt Zeugnis zusammen mit unserem Geist, dass wir Gottes Kinder sind. Wenn wir aber Kinder sind, so sind wir auch Erben, nämlich Erben Gottes und Miterben des Christus; wenn wir wirklich mit ihm leiden, damit wir auch mit ihm verherrlicht werden.

Fragen zum Gespräch:

o *Sind wir nicht durch unsere Geburt oder durch die Taufe Kinder Gottes?*
o *Nenne einige der Vorrechte der Kinder Gottes!*

Ein kleiner Katechismus

36. Frage: Was ist die Heiligung?

Antwort: Die Heiligung ist das Werk der freien Gnade Gottes [a], wodurch Gott seine Auserwählten am ganzen Menschen erneuert so wie es Seinem Bild entspricht [b]. Dadurch werden sie mehr und mehr befähigt, der Sünde abzusterben und der Gerechtigkeit zu leben [c].

a. 2Thes 2,13+14 Wir aber sind es Gott schuldig, allezeit für euch zu danken, vom Herrn geliebte Brüder, dass Gott euch von Anfang an zur Errettung erwählt hat in der Heiligung des Geistes und im Glauben an die Wahrheit, wozu er euch berufen hat durch unser Evangelium, damit ihr die Herrlichkeit unseres Herrn Jesus Christus erlangt.

b. Eph 4,23-24 ... dagegen erneuert werdet im Geist eurer Gesinnung und den neuen Menschen angezogen habt, der Gott entsprechend geschaffen ist in wahrhafter Gerechtigkeit und Heiligkeit.

Röm 6,4-6 Wir sind also mit ihm begraben worden durch die Taufe in den Tod, damit, gleichwie Christus durch die Herrlichkeit des Vaters aus den Toten auferweckt worden ist, so auch wir in einem neuen Leben wandeln. Denn wenn wir mit ihm einsgemacht und ihm gleich geworden sind in seinem Tod, so werden wir ihm auch in der Auferstehung gleich sein; wir wissen ja dieses, dass unser alter Mensch mitgekreuzigt worden ist, damit der Leib der Sünde außer Wirksamkeit gesetzt sei, sodass wir der Sünde nicht mehr dienen;

Gal 5,24 Die aber Christus angehören, die haben das Fleisch gekreuzigt samt den Leidenschaften und Lüsten.

c. 1Joh 5,4 Denn alles, was aus Gott geboren ist, überwindet die Welt; und unser Glaube ist der Sieg, der die Welt überwunden hat.

Röm 8,1 So gibt es jetzt keine Verdammnis mehr für die, welche in Christus Jesus sind, die nicht gemäß dem Fleisch wandeln, sondern gemäß dem Geist.

Phil 1,6 ... weil ich davon überzeugt bin, dass der, welcher in euch ein gutes Werk angefangen hat, es auch vollenden wird bis auf den Tag Jesu Christi.

Phil 2,12-13 Darum, meine Geliebten, wie ihr allezeit gehorsam gewesen seid, nicht allein in meiner Gegenwart, sondern jetzt noch viel mehr in meiner Abwesenheit, verwirklicht eure Rettung mit Furcht und Zittern; denn Gott ist es, der in euch sowohl das Wollen als auch das Vollbringen wirkt nach seinem Wohlgefallen.

Fragen zum Gespräch:

- o *Was ist der Unterschied zwischen Heiligkeit und Heiligung?*
- o *Wozu befähigt uns Gott durch sein Wirken in uns?*
- o *Werden wir in diesem Leben so weit kommen, dass wir nicht mehr in unserem Handeln und Reden sündigen?*
- o *Was sollen wir tun, wenn wir sündigen?*

37. Frage: **Welche Segnungen gehen in diesem Leben mit der Rechtfertigung, Kindschaft und Heiligung einher oder folgen aus ihr?**

Antwort: Die Segnungen, die in diesem Leben mit der Rechtfertigung, Kindschaft und Heiligung einhergehen oder daraus folgen, sind:

- o *die Gewissheit, von Gott geliebt zu sein [a],*
- o *der Friede des Gewissens [b],*
- o *die Freude im Heiligen Geist [c],*
- o *Wachstum in der Gnade [d] und*
- o *Bewahrung in der Gnade bis zum Ende [e].*

a. 1Joh 3,1 Seht, welch eine Liebe hat uns der Vater erwiesen, dass wir Kinder Gottes heißen sollen!

b. Röm 5,1-2+5 Da wir nun aus Glauben gerechtfertigt sind, so haben wir Frieden mit Gott durch unseren Herrn Jesus Christus, durch den wir im Glauben auch Zugang erlangt haben zu der Gnade, in der wir stehen, und wir rühmen uns der Hoffnung auf die Herrlichkeit Gottes. ... 5 die Hoffnung aber lässt nicht zuschanden werden; denn die Liebe Gottes ist ausgegossen in unsere Herzen durch den Heiligen Geist, der uns gegeben worden ist.

c. Röm 14,17 Denn das Reich Gottes ist nicht Essen und Trinken, sondern Gerechtigkeit, Friede und Freude im Heiligen Geist; ...

d. Spr 4,18 Aber der Pfad des Gerechten ist wie der Glanz des Morgenlichts, das immer heller leuchtet bis zum vollen Tag.

   2Pe 3,18 Wachst dagegen in der Gnade und in der Erkenntnis unseres Herrn und Retters Jesus Christus!

e. 1Pe 1,5 ... die wir in der Kraft Gottes bewahrt werden durch den Glauben zu dem Heil, das bereit ist, geoffenbart zu werden in der letzten Zeit.

1Joh 5,13 Dies habe ich euch geschrieben, die ihr glaubt an den Namen des Sohnes Gottes, damit ihr wisst, dass ihr ewiges Leben habt, und damit ihr [auch weiterhin] an den Namen des Sohnes Gottes glaubt.

Fragen zum Gespräch:

○ *Gibt es eine Rechtfertigung ohne als Gotteskind angenommen zu sein?*

○ *Können wir als Kinder Gottes angenommen werden und später wieder aus der Familie Gottes ausgestoßen werden?*

○ *Was ist die Grundlage für die Gewissheit, dass Gott seine Kinder liebt und bis ans Ende bewahren wird?*

VII. Die Lehre von Tod und Gericht

38. Frage: Welche Segnungen erhalten die Gläubigen von Christus bei ihrem Tod?

Antwort: Die Seele jedes Gläubigen wird bei seinem Tod vollkommen heilig gemacht[a] und geht direkt zum Herrn Jesus in die Herrlichkeit ein[b]. Der Leib ruht im Grab bis zur Auferstehung[c].

a. Hebr 12,23 ... zu der Festversammlung und zu der Gemeinde der Erstgeborenen, die im Himmel angeschrieben sind, und zu Gott, dem Richter über alle, und zu den Geistern der vollendeten Gerechten, ...

b. 2Kor 5,1+6+8 Denn wir wissen: Wenn unsere irdische Zeltwohnung abgebrochen wird, haben wir im Himmel einen Bau von Gott, ein Haus, nicht mit Händen gemacht, das ewig ist. ... 6 Darum sind wir allezeit getrost und wissen: Solange wir im Leib daheim sind, sind wir nicht daheim bei dem Herrn. ... 8 Wir sind aber getrost und wünschen vielmehr, aus dem Leib auszuwandern und daheim zu sein bei dem Herrn.

Phil 1,23 Denn ich werde von beidem bedrängt: Mich verlangt danach, aufzubrechen und bei Christus zu sein, was auch viel besser wäre;

Lk 23,43 Und Jesus sprach zu ihm: Wahrlich, ich sage dir: Heute wirst du mit mir im Paradies sein!

1Thes 4,14 s. unten

c. Hi 19,26-27 Und nachdem diese meine Hülle zerbrochen ist, dann werde ich, von meinem Fleisch los, Gott schauen; ja, ich selbst werde ihn schauen, und meine Augen werden ihn sehen, ohne [ihm] fremd zu sein. Danach sehnt sich mein Herz in mir!

1Thes 4,14-16 Denn wenn wir glauben, dass Jesus gestorben und auferstanden ist, so wird Gott auch die Entschlafenen durch Jesus mit ihm führen. Denn das sagen wir euch in einem Wort des Herrn: Wir, die wir leben und bis zur Wiederkunft des Herrn übrigbleiben, werden den Entschlafenen nicht zuvorkommen; denn der Herr selbst wird, wenn der Befehl ergeht und die Stimme des Erzengels und die Posaune Gottes erschallt, vom Himmel herabkommen, und die Toten in Christus werden zuerst auferstehen.

Fragen zum Gespräch:

o *Erwartet Christen und Nichtchristen das gleiche beim Tod?*

o *Was bedeutet hier „vollkommen heilig gemacht"?*

39. Frage: Was geschieht mit den Gottlosen bei ihrem Tod?

Antwort: Die Seele eines Gottlosen wird bei seinem Tod den Qualen der Hölle ausgeliefert [a]; sein Leib liegt im Grab bis zur Auferstehung zum Gericht am Jüngsten Tag [b].

a. Lk 16,23-24 Und als er im Totenreich seine Augen erhob, da er Qualen litt, sieht er den Abraham von ferne und Lazarus in seinem Schoß. Und er rief und sprach: Vater Abraham, erbarme dich über mich und sende Lazarus, dass er die Spitze seines Fingers ins Wasser tauche und meine Zunge kühle; denn ich leide Pein in dieser Flamme!

Dan 12,2 Und viele von denen, die im Staub der Erde schlafen, werden aufwachen; die einen zum ewigen Leben, die anderen zur ewigen Schmach und Schande.

b. Apg 24,15 … und ich habe die Hoffnung zu Gott, auf die auch sie selbst warten, dass es eine künftige Auferstehung der Toten geben wird, sowohl der Gerechten als auch der Ungerechten.

Joh 5,28-29 Verwundert euch nicht darüber! Denn es kommt die Stunde, in der alle, die in den Gräbern sind, seine Stimme hören werden, und sie werden hervorgehen: die das Gute getan haben, zur Auferstehung des Lebens; die aber das Böse getan haben, zur Auferstehung des Gerichts.

2Pe 2,9 … so weiß der Herr die Gottesfürchtigen aus der Versuchung zu erretten, die Ungerechten aber zur Bestrafung aufzubewahren für den Tag des Gerichts.

2Thes 1,8-9 … in flammendem Feuer, wenn er Vergeltung üben wird an denen, die Gott nicht anerkennen, und an denen, die dem Evangelium unseres Herrn Jesus Christus nicht gehorsam sind. 9 Diese werden Strafe erleiden, ewiges Verderben, vom Angesicht des Herrn und von der Herrlichkeit seiner Kraft, …

Mt 25,41+46 Dann wird er auch denen zur Linken sagen: Geht hinweg von mir, ihr Verfluchten, in das ewige Feuer, das dem Teufel und seinen Engeln bereitet ist! … 46 Und sie werden in die ewige Strafe hingehen, die Gerechten aber in das ewige Leben.

Fragen zum Gespräch:

o *Was spricht dafür, dass die Hölle ein realer Ort ist? Was können wir aus der Bibel über die Hölle wissen?*

o *Gibt es für die Gottlosen einen Zustand zwischen Tod und Hölle?*

o *Gibt es ein Fegefeuer (einen Ort, an dem die Seele für eine Zeit lang für ihre Sünden bestraft wird, um dann in den Himmel zu kommen)?*

40. Frage: Welche Segnungen erhalten die Gläubigen von Christus bei der Auferstehung?

Antwort: Bei der Auferstehung werden die Leiber der Gläubigen auferweckt in Herrlichkeit[a]. Dann wird sich Christus zu den Seinen öffentlich bekennen, sie am Tag des Gerichts freisprechen[b], und so zur vollkommenen Seligkeit gelangt, werden sie sich ewig an ihrem Gott freuen[c].

a. Phil 3,20+21 Unser Bürgerrecht aber ist im Himmel, von woher wir auch den Herrn Jesus Christus erwarten als den Retter, der unseren Leib der Niedrigkeit umgestalten wird, sodass er gleichförmig wird seinem Leib der Herrlichkeit, vermöge der Kraft, durch die er sich selbst auch alles unterwerfen kann.

1Kor 15,42-44 So ist es auch mit der Auferstehung der Toten: Es wird gesät in Verweslichkeit und auferweckt in Unverweslichkeit; es wird gesät in Unehre und wird auferweckt in Herrlichkeit; es wird gesät in Schwachheit und wird auferweckt in Kraft; es wird gesät ein natürlicher Leib, und es wird auferweckt ein geistlicher Leib. Es gibt einen natürlichen Leib, und es gibt einen geistlichen Leib.

b. Mt 10,32 Jeder nun, der sich zu mir bekennt vor den Menschen, zu dem werde auch ich mich bekennen vor meinem Vater im Himmel;

c. Mt 25,23 Sein Herr sagte zu ihm: Recht so, du guter und treuer Knecht! Du bist über wenigem treu gewesen, ich will dich über vieles setzen; geh ein zur Freude deines Herrn!

1Joh 3,2 Geliebte, wir sind jetzt Kinder Gottes, und noch ist nicht offenbar geworden, was wir sein werden; wir wissen aber, dass wir ihm gleichgestaltet sein werden, wenn er offenbar werden wird; denn wir werden ihn sehen, wie er ist.

1Kor 13,12 Denn wir sehen jetzt mittels eines Spiegels wie im Rätsel, dann aber von Angesicht zu Angesicht; jetzt erkenne ich stückweise, dann aber werde ich erkennen, gleichwie ich erkannt bin.

1Thes 4,17-18 Danach werden wir, die wir leben und übrig bleiben, zusammen mit ihnen entrückt werden in Wolken, zur Begegnung mit dem Herrn, in die Luft, und so werden wir bei dem Herrn sein allezeit. So tröstet nun einander mit diesen Worten!

Fragen zum Gespräch:

o *Werden die Gläubigen mit dem Leib in die Herrlichkeit eingehen, den sie im irdischen Leben hatten?*

o *Wozu ist noch ein Gericht notwendig, da die Gläubigen doch Vergebung der Sünden haben?*

o *Was ist die höchste Bestimmung des Menschen?*

41. Frage: Was widerfährt den Gottlosen am Tag des Gerichts?

Antwort: Am Tag des Gerichts [a] werden die Gottlosen auferweckt zur Schande [b]; sie werden verurteilt zu unaussprechlichen Qualen des Leibes und der Seele in der Hölle [c], gemeinsam mit dem Teufel und seinen Engeln für alle Ewigkeit. [d]

a. Joh 5,28-29 Verwundert euch nicht darüber! Denn es kommt die Stunde, in der alle, die in den Gräbern sind, seine Stimme hören werden, 29 und sie werden hervorgehen: die das Gute getan haben, zur Auferstehung des Lebens; die aber das Böse getan haben, zur Auferstehung des Gerichts.

b. Dan 12,2 Und viele von denen, die im Staub der Erde schlafen, werden aufwachen; die einen zum ewigen Leben, die anderen zur ewigen Schmach und Schande.

c. 2Thes 1,8-9 s. oben

Mt 13,49-50 So wird es am Ende der Weltzeit sein: Die Engel werden ausgehen und die Bösen aus der Mitte der Gerechten aussondern 50 und sie in den Feuerofen werfen. Dort wird das Heulen und Zähneknirschen sein.

Off 14,9b-11 Wenn jemand das Tier und sein Bild anbetet und das Malzeichen auf seine Stirn oder auf seine Hand annimmt, so wird auch er von dem Glutwein Gottes trinken, der unvermischt eingeschenkt ist in dem Kelch seines Zornes, und er wird mit Feuer und Schwefel gepeinigt werden vor den heiligen Engeln und vor dem Lamm. Und der Rauch ihrer Qual steigt auf von Ewigkeit zu Ewigkeit; und die das Tier und sein Bild anbeten, haben keine Ruhe Tag und Nacht, und wer das Malzeichen seines Namens annimmt.

d. Mt 25,41+46 Dann wird er auch denen zur Linken sagen: Geht hinweg von mir, ihr Verfluchten, in das ewige Feuer, das dem Teufel und seinen Engeln bereitet ist! … 46 Und sie werden in die ewige Strafe hingehen, die Gerechten aber in das ewige Leben.

Fragen zum Gespräch:

o *Gibt es für die Gottlosen nach dem Tod eine zweite Chance, errettet zu werden?*

o *Was ist deiner Meinung nach das Schlimmste an der Hölle?*

VIII. Die Lehre vom ewig gültigen Gesetz Gottes

42. Frage: Wozu hat Gott den Menschen verpflichtet?

Antwort: Gott hat den Menschen zum Gehorsam gegenüber Seinem geoffenbarten Willen verpflichtet[a].

a. 1Sam 15,22+23a Samuel aber sprach zu Saul: Hat der HERR dasselbe Wohlgefallen an Schlachtopfern und Brandopfern wie daran, dass man der Stimme des HERRN gehorcht? Siehe, Gehorsam ist besser als Schlachtopfer und Folgsamkeit besser als das Fett von Widdern! Denn Ungehorsam ist [wie] die Sünde der Wahrsagerei, und Widerspenstigkeit ist [wie] Abgötterei und Götzendienst.

Pred 12,13-14 Lasst uns die Summe aller Lehre hören: Fürchte Gott und halte seine Gebote; denn das macht den ganzen Menschen aus. Denn Gott wird jedes Werk vor ein Gericht bringen, samt allem Verborgenen, es sei gut oder böse.

Mi 6,8 Es ist dir gesagt, o Mensch, was gut ist und was der HERR von dir fordert: Was anders als Recht tun, Liebe üben und demütig wandeln mit deinem Gott?

Fragen zum Gespräch:

o *Woher können wir wissen, was Gott von uns fordert?*

o *Gibt es andere Quellen, aus denen wir erfahren können, was Gottes Wille für uns ist? Nenne einige Irrwege.*

43. Frage: Welche Richtschnur für den Gehorsam hat Gott dem Menschen zuerst geoffenbart?

Antwort: Als erste Richtschnur für seinen Gehorsam hat Gott dem Menschen das Moralgesetz geoffenbart. [a]

a. Röm 2,14-15 Wenn nämlich Heiden, die das Gesetz nicht haben, doch von Natur aus tun, was das Gesetz verlangt, so sind sie, die das Gesetz nicht haben, sich selbst ein Gesetz, da sie ja beweisen, dass das Werk des Gesetzes in ihre Herzen geschrieben ist, was auch ihr Gewissen bezeugt, dazu ihre Überlegungen, die sich untereinander verklagen oder auch entschuldigen

Röm 10,5 Mose beschreibt nämlich die Gerechtigkeit, die aus dem Gesetz kommt, so: »Der Mensch, der diese Dinge tut, wird durch sie leben«.

Fragen zum Gespräch:

- ○ *Warum hat Gott uns das Moralgesetz gegeben?*
- ○ *Welche Folgen hat es, wenn wir Gottes Gebote übertreten?*

44. Frage: Wo finden wir eine Zusammenfassung des Moralgesetzes?

Antwort: Eine Zusammenfassung des Moralgesetzes finden wir in den Zehn Geboten. [a]

a. 5Mo 10,4 Da schrieb er auf die Tafeln entsprechend der ersten Schrift die zehn Worte, die der HERR zu euch auf dem Berg gesprochen hatte, mitten aus dem Feuer, am Tag der Versammlung. Und der HERR gab sie mir.

Mt 19,17 Er aber sprach zu ihm: Was nennst du mich gut? Niemand ist gut als Gott allein! Willst du aber in das Leben eingehen, so halte die Gebote!

Fragen zum Gespräch:

- ○ *In welcher Weise hat Gott seinem Volk die Zehn Gebote gegeben?*
- ○ *Brauchen wir heute noch diese zehn Gebote?*
- ○ *Sind alle zehn Gebote für Christen heute genauso verbindlich, wie für die Israeliten im Alten Testament?*

45. Frage: Was ist die Summe der Zehn Gebote?

Antwort: Die Summe der Zehn Gebote ist, Gott, unseren Herrn, zu lieben mit unserem ganzen Herzen, mit unserer ganzen Seele, mit unserer ganzen Kraft und unserem ganzen Verstand und unseren Nächsten zu lieben wie uns selbst. [a]

a. Mt 22,37-40 Und Jesus sprach zu ihm: »Du sollst den Herrn, deinen Gott, lieben mit deinem ganzen Herzen und mit deiner ganzen Seele und mit deinem ganzen Denken«. Das ist das erste und größte Gebot. Und das zweite ist ihm vergleichbar: »Du sollst deinen Nächsten lieben wie dich selbst«. An diesen zwei Geboten hängen das ganze Gesetz und die Propheten.

Fragen zum Gespräch:
- o *Nenne 3 Möglichkeiten, unsere Liebe zu Gott zu zeigen*
- o *Nenne 3 Möglichkeiten, unsere Liebe zu unserem Nächsten zu zeigen.*
- o *Wie zeigt es sich, dass wir uns selbst lieben?*

46. Frage: Wie lautet Gottes Einleitung zu den Zehn Geboten?

Antwort: Gottes Einleitung zu den Zehn Geboten lautet: „Ich bin der HERR, dein Gott, der ich dich aus dem Land Ägypten, aus dem Sklavenhaus herausgeführt habe."[a]

a. 2Mo 20,2

Fragen zum Gespräch:
- o *Auf welcher Grundlage gibt Gott die zehn Gebote?*
- o *Was lernen wir hier über Gott?*
- o *Was lernen wir hier über die Empfänger der zehn Gebote?*

47. Frage: Was lehrt uns die Einleitung zu den Zehn Geboten?

Antwort: Die Einleitung zu den Zehn Geboten lehrt uns, dass wir verpflichtet sind, alle göttlichen Gebote zu halten, weil Gott, der HERR, unser Gott und Erlöser ist. [a]

a. Ps 100,2-3 Dient dem HERRN mit Freuden, kommt vor sein Angesicht mit Jubel!
Jer 10,7 Wer sollte dich nicht fürchten, du König der Völker? Denn dir gebührt dies; unter allen Weisen der Völker und in allen ihren Königreichen ist ja keiner wie du!

5Mo 11,1 So sollst du nun den HERRN, deinen Gott, lieben, und seine Ordnung, seine Satzungen, seine Rechtsbestimmungen und Gebote halten allezeit.

Lk 1,74-75 … dass wir, erlöst aus der Hand unserer Feinde, ihm dienten ohne Furcht in Heiligkeit und Gerechtigkeit vor ihm alle Tage unseres Lebens.

1Pe 1,14-19 Als gehorsame Kinder passt euch nicht den Begierden an, denen ihr früher in eurer Unwissenheit dientet, sondern wie der, welcher euch berufen hat, heilig ist, sollt auch ihr heilig sein in eurem ganzen Wandel. Denn es steht geschrieben: »Ihr sollt heilig sein, denn ich bin heilig!« Und wenn ihr den als Vater anruft, der ohne Ansehen der Person richtet nach dem Werk jedes Einzelnen, so führt euren Wandel in Furcht, solange ihr euch hier als Fremdlinge aufhaltet. Denn ihr wisst ja, dass ihr nicht mit vergänglichen Dingen, mit Silber oder Gold, losgekauft worden seid aus eurem nichtigen, von den Vätern überlieferten Wandel, sondern mit dem kostbaren Blut des Christus als eines makellosen und unbefleckten Lammes.

Fragen zum Gespräch:

- ○ *Ist das Halten der Gebote eine Voraussetzung für unsere Erlösung?*
- ○ *Können wir unsere Liebe zu Gott zeigen, indem wir einige seiner Gebote halten?*
- ○ *Sind manche der zehn Gebote wichtiger als andere?*

48. Frage: Wie lautet das erste Gebot?

Antwort: Das erste Gebot lautet: „Du sollst keine anderen Götter haben neben mir." [a]

a. 2Mo 20,3

Fragen zum Gespräch:

- ○ *Warum sollen wir keine anderen Götter haben?*
- ○ *Nenne einige der Götter, die Menschen in unserer Umwelt haben.*
- ○ *Können wir gleichzeitig dem wahren lebendigen Gott und einem Götzen dienen?*

49. Frage: Was wird im ersten Gebot gefordert?

Antwort: Im ersten Gebot wird gefordert, dass wir erkennen und anerkennen, dass Gott der einzige wahre Gott und unser Gott ist[a] und dass wir IHN als solchen anbeten und verherrlichen. [b]

a. 1Chr 28,9 Und du, mein Sohn Salomo, erkenne den Gott deines Vaters und diene ihm von ganzem Herzen und mit williger Seele! Denn der HERR erforscht alle Herzen und erkennt alles Trachten der Gedanken. Wenn du ihn suchst, so wird er sich von dir finden lassen; wenn du ihn aber verlässt, so wird er dich verwerfen auf ewig!

   5Mo 26,17 Du hast dem HERRN heute zugesagt, dass er dein Gott sein soll und dass du auf seinen Wegen wandeln willst und seine Satzungen, Gebote und Rechtsbestimmungen halten und seiner Stimme gehorchen willst.

b. Mt 4,10 Da spricht Jesus zu ihm: Weiche, Satan! Denn es steht geschrieben: »Du sollst den Herrn, deinen Gott, anbeten und ihm allein dienen!«

   Ps 29,2 Gebt dem HERRN die Ehre seines Namens, betet den HERRN an in heiligem Schmuck!

Fragen zum Gespräch:
- *Was bedeutet, Gott erkennen?*
- *Was bedeutet, Gott anzubeten?*
- *Was bedeutet, Gott zu verherrlichen?*

50. Frage: Was wird im ersten Gebot verboten?

Antwort: Das erste Gebot verbietet, dass wir den wahren Gott verleugnen[a] oder nicht anbeten und verherrlichen[b], stattdessen aber die allein Gott gebührende Anbetung und Verherrlichung irgendjemandem oder etwas Anderem erweisen.[c]

a. Ps 14,1 Der Narr spricht in seinem Herzen: »Es gibt keinen Gott!« Sie handeln verderblich, und abscheulich ist ihr Tun; da ist keiner, der Gutes tut.

b. Röm 1,20-21 … denn sein unsichtbares Wesen, nämlich seine ewige Kraft und Gottheit, wird seit Erschaffung der Welt an den Werken durch

Nachdenken wahrgenommen, sodass sie keine Entschuldigung haben. Denn obgleich sie Gott erkannten, haben sie ihn doch nicht als Gott geehrt und ihm nicht gedankt, sondern sind in ihren Gedanken in nichtigen Wahn verfallen, und ihr unverständiges Herz wurde verfinstert.

Ps 81,10-11 Kein anderer Gott soll bei dir sein, und einen fremden Gott bete nicht an! Ich bin der HERR, dein Gott, der dich heraufgeführt hat aus dem Land Ägypten.

c. Röm 1,25 ... sie, welche die Wahrheit Gottes mit der Lüge vertauschten und dem Geschöpf Ehre und Gottesdienst erwiesen anstatt dem Schöpfer, der gelobt ist in Ewigkeit. Amen!

Fragen zum Gespräch:

- ○ *Warum verbietet Gott, andere Götter anzubeten?*

- ○ *Warum ist die Verehrung von sogenannten „Heiligen" oder Engeln ein Verstoß gegen das erste Gebot?*

- ○ *Nenne weitere Sünden gegen das erste Gebot.*

- ○ *Bist du dir einer häufigen Übertretung dieses Gebotes bewusst, so dass du täglich mehr Gottes Hilfe in Anspruch nehmen willst?*

51. Frage: Was lehren uns insbesondere die Worte "neben mir" im ersten Gebot?

Antwort: Die Worte "neben mir" im ersten Gebot lehren uns, dass Gott, der alles sieht und alles weiß, die Sünde, irgendeinen anderen Gott zu haben, besonders verabscheut. [a]

a. Ps 44,21-22 Hätten wir den Namen unseres Gottes vergessen und unsere Hände ausgestreckt zu einem fremden Gott, würde Gott das nicht erforschen? Er kennt ja die Geheimnisse des Herzens.

Fragen zum Gespräch:

- ○ *Wieso ist ein Verstoß gegen das erste Gebot eine besonders schwere Sünde?*

- ○ *Welche Götter verehrten die Ältesten in Hes 8,9-12?*

52. Frage: Wie lautet das zweite Gebot?

Antwort: Das zweite Gebot lautet:

„Du sollst dir kein Götterbild machen, auch keinerlei Abbild dessen, was oben im Himmel oder was unten auf der Erde oder was in den Wassern unter der Erde ist. Du sollst dich vor ihnen nicht niederwerfen und ihnen nicht dienen. Denn ich, der HERR, dein Gott, bin ein eifersüchtiger Gott, der die Schuld der Väter heimsucht an den Kindern, an der dritten und vierten Generation von denen, die mich hassen, der aber Gnade erweist an Tausenden von Generationen von denen, die mich lieben und meine Gebote halten." [a]

a. 2Mo 20,4-6

Fragen zum Gespräch:

- o *Was lehrt uns dieses Gebot über unseren Gottesdienst und unsere Anbetung?*
- o *Geht es in diesem Gebot mehr darum, WEN wir anbeten sollen, oder eher WIE wir anbeten sollen?*
- o *In welcher Weise stehen wir in Gefahr dieses Gebot zu übertreten?*

53. Frage: Was wird im zweiten Gebot gefordert?

Antwort: Im zweiten Gebot wird gefordert, dass wir alle Ordnungen, die Gott in Bezug auf seine Anbetung in seinem Wort [a] geoffenbart hat, annehmen und rein und unverkürzt bewahren. [b]

a. 5Mo 12,13-14 Hüte dich, dass du deine Brandopfer nicht an irgendeinem Ort opferst, den du dir ersiehst; sondern an dem Ort, den der HERR in einem deiner Stämme erwählt, da sollst du deine Brandopfer opfern, und dort sollst du alles tun, was ich dir gebiete.

5Mo13,1 Das ganze Wort, das ich euch gebiete, das sollt ihr bewahren, um es zu tun; du sollst nichts zu ihm hinzufügen und nichts von ihm wegnehmen!

Mk 7,6-8 Er aber antwortete und sprach zu ihnen: Trefflich hat Jesaja von euch Heuchlern geweissagt, wie geschrieben steht: »Dieses Volk ehrt mich mit den Lippen, doch ihr Herz ist fern von mir. Vergeblich aber verehren sie mich, weil sie Lehren vortragen, die Menschengebote sind.« Denn ihr verlasst das Gebot Gottes und haltet die Überlieferung der Menschen ein, Waschungen von Krügen und Bechern; und viele andere ähnliche Dinge tut ihr.

b. Joh 4,24 Gott ist Geist, und die ihn anbeten, müssen ihn im Geist und in der Wahrheit anbeten.

5Mo 32,4 Er ist der Fels; vollkommen ist sein Tun; ja, alle seine Wege sind gerecht. Ein Gott der Treue und ohne Falsch, gerecht und aufrichtig ist er.

Mt 28,20 … und lehrt sie alles halten, was ich euch befohlen habe.

Apg 2,42 Und sie blieben beständig in der Lehre der Apostel und in der Gemeinschaft und im Brotbrechen und in den Gebeten.

Fragen zum Gespräch:

- *Können wir Gott in jeder Weise anbeten, die wir für gut und richtig halten?*

- *Wie können wir wissen, ob unsere Anbetung Gott gefällt?*

- *Welche Elemente gehören in den formalen Gottesdienst am Tag des Herrn?*

54. Frage: Was wird im zweiten Gebot verboten?

Antwort: Das zweite Gebot verbietet, Gott durch Bilder zu verehren [a] oder ihn auf irgendeine andere Weise anzubeten, als er es in seinem Wort bestimmt hat. [b]

a. 5Mo 4,15-19 So bewahrt nun eure Seelen wohl, weil ihr keinerlei Gestalt gesehen habt an dem Tag, als der HERR aus dem Feuer heraus mit euch redete auf dem Berg Horeb, damit ihr nicht verderblich handelt und euch ein Bildnis macht in der Gestalt irgendeines Götzenbildes, das Abbild eines männlichen oder weiblichen Wesens, das Abbild irgendeines Tieres, das auf Erden ist, das Abbild irgendeines Vogels, der am Himmel fliegt, das Abbild irgendeines Wesens, das auf dem Erdboden kriecht, das Abbild irgendeines Fisches, der im Wasser ist, tiefer als die Erdoberfläche; dass du deine Augen auch nicht zum Himmel hebst und die Sonne und den Mond und die Sterne und das ganze Heer des Himmels anschaust und dich verführen lässt, sie anzubeten und ihnen zu dienen, die doch der HERR, dein Gott, allen Völkern unter dem ganzen Himmel zugeteilt hat.

b. 3Mo 10,1-2 Aber die Söhne Aarons, Nadab und Abihu, nahmen jeder seine Räucherpfanne und taten Feuer hinein und legten Räucherwerk darauf und brachten fremdes Feuer dar vor den HERRN, das er ihnen nicht geboten hatte. Da ging Feuer aus von dem HERRN und verzehrte sie, sodass sie starben vor dem HERRN.

5Mo 12,30- 13,1 … so hüte dich, dass du dich nicht verführen lässt, sie nachzuahmen, nachdem sie doch vor dir her vertilgt worden sind, und dass du nicht nach ihren Göttern fragst und sagst: Wie dienten diese Heiden ihren Göttern? Ich will es ebenso tun! Du sollst dem HERRN, deinem Gott, nicht auf diese Weise dienen, denn alles, was ein Gräuel ist für den HERRN, was er hasst, haben sie für ihre Götter getan; ja, sogar ihre Söhne und ihre Töchter haben sie für ihre Götter im Feuer verbrannt! Das ganze Wort, das ich euch gebiete, das sollt ihr bewahren, um es zu tun; du sollst nichts zu ihm hinzufügen und nichts von ihm wegnehmen!

Fragen zum Gespräch:

o *Warum verbietet Gott uns, Bilder von ihm zu machen?*

o *Welche Gefahren gibt es heute für uns / für unsere Gemeinde, das zweite Gebot zu übertreten?*

o *Bist du dir einer häufigen Übertretung dieses Gebotes bewusst, so dass du täglich mehr Gottes Hilfe in Anspruch nehmen willst?*

55. Frage: Wie wird das zweite Gebot begründet?

Antwort: Die Gründe für das zweite Gebot sind:

o *Gottes Herrschaft über uns; er ist der Herr!*

o *Sein Eigentumsrecht an uns [a]; er ist unser Gott.*

o *Sein Eifer, mit dem er über die Ihm dargebrachte Anbetung wacht. [b] Dieser zeigt sich in der Androhung der Strafe für die Übertretung dieses Gebots.*

a. Ps 95,2-3 + 6 Lasst uns ihm begegnen mit Lobgesang und mit Psalmen ihm zujauchzen! Denn der HERR ist ein großer Gott und ein großer

König über alle Götter. ... 6 Kommt, lasst uns anbeten und uns beugen, lasst uns niederfallen vor dem HERRN, unserem Schöpfer!

Ps 100,2-3 Dient dem HERRN mit Freuden, kommt vor sein Angesicht mit Jubel! Erkennt, dass der HERR Gott ist! Er hat uns gemacht, und nicht wir selbst, zu seinem Volk und zu Schafen seiner Weide.

b. 2Mo 34,13-14 ... sondern ihr sollt ihre Altäre umstürzen und ihre Gedenksteine zerbrechen und ihre Aschera-Standbilder ausrotten. Denn du sollst keinen anderen Gott anbeten. Denn der HERR, dessen Name »Der Eifersüchtige« ist, ist ein eifersüchtiger Gott.

Ps 106,19-20+23 Sie machten sich ein Kalb am Horeb und warfen sich nieder vor dem gegossenen Bild. Sie vertauschten den, der ihre Herrlichkeit war, gegen das Abbild eines Stiers, der Gras frisst. ... 23 Und er gedachte sie zu vertilgen, wenn nicht Mose, sein Auserwählter, in den Riss getreten wäre vor ihm, um seinen Grimm abzuwenden, dass er sie nicht vertilgte.

Fragen zum Gespräch:

o *Worin ist Gottes Recht, über alle Menschen zu herrschen, begründet?*

o *Worin ist Gottes Eigentumsrecht an uns begründet?*

o *Welche Strafe droht Gott für die Übertretung dieses Gebots an?*

56. Frage: Wie lautet das dritte Gebot?

Antwort: Das dritte Gebot lautet:

Du sollst den Namen des HERRN, deines Gottes, nicht zu Nichtigem aussprechen, denn der HERR wird den nicht ungestraft lassen, der seinen Namen zu Nichtigem ausspricht. [a]

a. 2Mo 20,7

Fragen zum Gespräch:

o *Was ist in diesem Gebot mit dem Namen des Herrn gemeint?*

o *Was bedeutet es, Gottes Namen zu Nichtigem auszusprechen? Nenne Beispiele.*

57. Frage: Was wird im dritten Gebot gefordert?

Antwort: Das dritte Gebot fordert, dass wir den Namen Gottes heiligen, das heißt, dass wir ehrerbietigen Gebrauch machen von Gottes Namen [a], Bezeichnungen [b], Eigenschaften [c], Ordnungen [d], Wort [e] und Werken. [f]

a. 5Mo 28,58 Wenn du nicht darauf achten wirst, alle Worte dieses Gesetzes zu tun, die in diesem Buch geschrieben sind, sodass du diesen herrlichen und furchtgebietenden Namen, den HERRN, deinen Gott, fürchtest, …

b. Mt,6,9 Deshalb sollt ihr auf diese Weise beten: Unser Vater, der du bist im Himmel! Geheiligt werde dein Name.

Ps 29,2 Gebt dem HERRN die Ehre seines Namens, betet den HERRN an in heiligem Schmuck!

c. Off 15,3-4 Und sie singen das Lied Moses, des Knechtes Gottes, und das Lied des Lammes und sprechen: Groß und wunderbar sind deine Werke, o Herr, Gott, du Allmächtiger! Gerecht und wahrhaftig sind deine Wege, du König der Heiligen! Wer sollte dich nicht fürchten, o Herr, und deinen Namen nicht preisen? Denn du allein bist heilig. Ja, alle Völker werden kommen und vor dir anbeten, denn deine gerechten Taten sind offenbar geworden!

d. Mal 1,11 +14 Denn vom Aufgang der Sonne bis zu ihrem Niedergang soll mein Name groß werden unter den Heidenvölkern, und überall sollen meinem Namen Räucherwerk und Gaben, und zwar reine Opfergaben, dargebracht werden; denn groß soll mein Name unter den Heidenvölkern sein!, spricht der HERR der Heerscharen. … 14 Nein, verflucht sei der Betrüger, der in seiner Herde ein männliches Tier hat und ein Gelübde tut und dann doch dem Herrn ein verdorbenes opfert! Denn ich bin ein großer König, spricht der HERR der Heerscharen, und mein Name ist gefürchtet unter den Heidenvölkern.

Pred 5,1 Übereile dich nicht mit deinem Mund, und lass dein Herz keine unbesonnenen Worte vor Gott aussprechen; denn Gott ist im Himmel, und du bist auf der Erde; darum sollst du nicht viele Worte machen!

e. Ps 138,2 Ich will anbeten, zu deinem heiligen Tempel gewandt, und deinem Namen danken um deiner Gnade und Treue willen; denn du hast dein Wort groß gemacht über all deinen Ruhm hinaus

f. Ps 105,1-5 Dankt dem HERRN, ruft seinen Namen an, macht unter den Völkern seine Taten bekannt! Singt ihm, lobsingt ihm, redet von allen seinen Wundern! Rühmt euch seines heiligen Namens! Es freue sich das Herz derer, die den HERRN suchen! Fragt nach dem HERRN und nach seiner Macht, sucht sein Angesicht allezeit! Gedenkt an seine

Ein kleiner Katechismus

Wunder, die er getan hat, an seine Zeichen und die Urteile seines Mundes, …

Hi 36,24 Denke daran, sein Tun zu erheben, das Menschen besingen.

Fragen zum Gespräch:

- *Nenne einige der Namen Gottes.*
- *Nenne einige der Eigenschaften Gottes*
- *Was ist mit „Ordnungen" gemeint?*
- *Nenne einige der Werke Gottes, für die er in Ps 105 gepriesen wird.*

58. Frage: Was wird im dritten Gebot verboten?

Antwort: Das dritte Gebot verbietet die Verunehrung und den Missbrauch jeder göttlichen Ordnung, die Er zu Seiner Selbstoffenbarung bestimmt hat. Gottes Name darf nur zu seiner Anbetung gebraucht werden und zur Anerkennung seiner Macht und Taten [a].

a. Mal 1,6-7,12 Ein Sohn soll seinen Vater ehren und ein Knecht seinen Herrn! Bin ich nun Vater, wo ist meine Ehre? Bin ich Herr, wo ist die Furcht vor mir?, spricht der HERR der Heerscharen zu euch Priestern, die ihr meinen Namen verächtlich macht. Aber ihr fragt: »Womit haben wir deinen Namen verächtlich gemacht?« Damit, dass ihr auf meinem Altar verunreinigtes Brot darbringt! Aber ihr fragt: »Womit haben wir dich verunreinigt?« Damit, dass ihr sagt: »Der Tisch des HERRN ist verachtenswert! … 12 Ihr aber entheiligt ihn damit, dass ihr sagt: »Der Tisch des Herrn darf verunreinigt werden, und die Speise, die von ihm kommt, ist verachtenswert!«

Mal 2,2 Wenn ihr nicht hören wollt und ihr es euch nicht zu Herzen nehmt, meinem Namen die Ehre zu geben, spricht der HERR der Heerscharen, so schleudere ich den Fluch gegen euch und verfluche eure Segenssprüche; und ich habe sie auch schon verflucht, denn ihr nehmt es nicht zu Herzen!

Mal 3,14 Ihr habt gesagt: »Es ist umsonst, dass man Gott dient, und was nützt es uns, seine Ordnung zu halten und vor dem HERRN der Heerscharen in Trauer einherzugehen?

Fragen zum Gespräch:

- In welchen Zusammenhängen darf der Name Gottes gebraucht werden?
- Wodurch werden Gottes Ordnungen verunehrt oder missbraucht?
- Bist du dir einer häufigen Übertretung dieses Gebotes bewusst, so dass du täglich mehr Gottes Hilfe in Anspruch nehmen willst?

59. Frage: Wie wird das dritte Gebot begründet?

Antwort: Der Grund für das dritte Gebot ist, dass der HERR unser Gott, die Übertreter dieses Gebots unbedingt bestrafen wird, auch wenn sie der Strafe der Menschen entgehen mögen [a].

a. 1Sam 2,12+17+22+29 Aber die Söhne Elis waren Söhne Belials; sie kannten den HERRN nicht. ... 17 So war die Sünde der jungen Männer sehr groß vor dem HERRN; denn die Leute verachteten die Opfergabe des HERRN. ... 22 Eli aber war sehr alt; und er hörte alles, was seine Söhne an ganz Israel taten, und dass sie bei den Frauen lagen, die vor dem Eingang der Stiftshütte den Dienst verrichteten. ... 29 Warum tretet ihr denn meine Schlachtopfer und Speisopfer, die ich für [meine] Wohnung angeordnet habe, mit Füßen? Und du ehrst deine Söhne mehr als mich, sodass ihr euch mästet von den Erstlingen aller Speisopfer meines Volkes Israel!

1Sam 3,13 Denn ich habe ihm gesagt, dass ich sein Haus auf ewig richten werde wegen der Sünde, von der er wusste; weil seine Söhne sich den Fluch zugezogen haben, und er hat ihnen nicht gewehrt.

5Mo 28,58-59 Wenn du nicht darauf achten wirst, alle Worte dieses Gesetzes zu tun, die in diesem Buch geschrieben sind, sodass du diesen herrlichen und furchtgebietenden Namen, den HERRN, deinen Gott, fürchtest, 59 so wird der HERR dich und deinen Samen mit außerordentlichen Plagen treffen, ja, mit großen und andauernden Plagen und mit bösen und andauernden Krankheiten; ...

Mal 2,2 s. oben

Fragen zum Gespräch:
- *Wie wird Gott die strafen, die dieses Gebot übertreten?*
- *Nenne ein biblisches Beispiel, wie Gott Übertreter dieses Gebots bestraft hat.*

Ein kleiner Katechismus

60. Frage: Wie lautet das vierte Gebot?

Antwort: Das vierte Gebot lautet:

Denke an den Sabbattag, um ihn heilig zu halten. Sechs Tage sollst du arbeiten und all deine Arbeit tun, aber der siebte Tag ist Sabbat für den HERRN, deinen Gott. Du sollst an ihm keinerlei Arbeit tun, du und dein Sohn und deine Tochter, dein Knecht und deine Magd und dein Vieh und der Fremde bei dir, der innerhalb deiner Tore wohnt. Denn in sechs Tagen hat der HERR den Himmel und die Erde gemacht, das Meer und alles, was in ihnen ist, und er ruhte am siebten Tag; darum segnete der HERR den Sabbattag und heiligte ihn. [a]

    a. 2Mo 20,8-11

Fragen zum Gespräch:

- ○ *Wem ist dieses Gebot gegeben?*
- ○ *Hat der Herr Jesus dieses Gebot aufgehoben oder bestätigt?*
- ○ *Für wen gilt dieses Gebot heute noch?*

61. Frage: Was wird im vierten Gebot gefordert?

Antwort: Im vierten Gebot wird gefordert, dass wir Gott die Zeiten heiligen, die er in Seinem Wort festgesetzt hat; insbesondere soll unter sieben Tagen ein Tag sein, der der heilige Sabbat des HERRN ist. [a]

    a. 3Mo 19,30 Haltet meine Sabbattage und fürchtet mein Heiligtum! Ich bin der HERR.

       5Mo 5,12-14 Halte den Sabbattag und heilige ihn, wie es dir der HERR, dein Gott, geboten hat! Sechs Tage sollst du arbeiten und alle deine Werke tun; aber am siebten Tag ist der Sabbat des HERRN, deines Gottes; da sollst du kein Werk tun, weder du noch dein Sohn, noch deine Tochter, noch dein Knecht, noch deine Magd, noch dein Rind, noch dein Esel, noch all dein Vieh, noch dein Fremdling, der innerhalb deiner Tore ist, damit dein Knecht und deine Magd ruhen wie du.

       Off 1,10 Ich war im Geist am Tag des Herrn, und ich hörte hinter mir eine gewaltige Stimme, wie von einer Posaune, …

Fragen zum Gespräch:

- o *Warum ist es wichtig, einen Tag aus sieben der Anbetung Gottes zu widmen?*
- o *Welche anderen Zeiten gibt es neben dem Tag des Herrn, die wir heiligen sollen?*
- o *Nenne einige Dinge, die wir am Tag des Herrn tun sollen.*

62. Frage: Welchen der sieben Tage hat Gott zum wöchentlichen Sabbat bestimmt?

Antwort: Von Anbeginn der Welt an bis zur Auferstehung Christi bestimmte Gott den siebten Tag jeder Woche zum Sabbat[a]. Seitdem wird der christliche Sabbat am ersten Tag der Woche gefeiert; das gilt bis ans Ende der Weltzeit[b].

a. 1Mo 2,2-3 Und Gott hatte am siebten Tag sein Werk vollendet, das er gemacht hatte; und er ruhte am siebten Tag von seinem ganzen Werk, das er gemacht hatte. Und Gott segnete den siebten Tag und heiligte ihn, denn an ihm ruhte er von seinem ganzen Werk, das Gott schuf, als er es machte.

b. 1Kor 16,1-2 Was aber die Sammlung für die Heiligen anbelangt, so sollt auch ihr so handeln, wie ich es für die Gemeinden in Galatien angeordnet habe. An jedem ersten Wochentag lege jeder unter euch etwas beiseite und sammle, je nachdem er Gedeihen hat, …

Apg 20,7 Am ersten Tag der Woche aber, als die Jünger versammelt waren, um das Brot zu brechen, unterredete sich Paulus mit ihnen, da er am folgenden Tag abreisen wollte, und er dehnte die Rede bis Mitternacht aus.

Off 1,10 Ich war im Geist am Tag des Herrn, und ich hörte hinter mir eine gewaltige Stimme, wie von einer Posaune, …

Fragen zum Gespräch:

- o *Sollen wir also Gott nur am Sabbat anbeten?*
- o *Welche besondere Bedeutung hat in diesem Zusammenhang die Auferstehung Jesu Christi?*

63. Frage: Wie soll der Sabbat geheiligt werden?

Antwort: Der Sabbat soll geheiligt werden durch einen Ruhetag [a], an dem wir alle weltlichen Beschäftigungen und Unterhaltungen enthalten unterlassen, die an anderen Tagen erlaubt sind [b] und den ganzen Tag ausschließlich für den öffentliche Gottesdienste und private Gottesverehrung verwenden [c]. Gute und notwendige Werke der Barmherzigkeit sind an diesem Tag nicht nur erlaubt, sondern ausdrücklich geboten. [d]

a. 2Mo 20,8 -10 Gedenke an den Sabbattag und heilige ihn! Sechs Tage sollst du arbeiten und alle deine Werke tun; aber am siebten Tag ist der Sabbat des HERRN, deines Gottes; da sollst du kein Werk tun; weder du, noch dein Sohn, noch deine Tochter, noch dein Knecht, noch deine Magd, noch dein Vieh, noch dein Fremdling, der innerhalb deiner Tore lebt.

2Mo 16,25-28 Da sprach Mose: Esst das heute! Denn heute ist der Sabbat des HERRN; ihr werdet es heute nicht auf dem Feld finden. Sechs Tage sollt ihr es sammeln, aber am siebten Tag ist der Sabbat, da wird keines zu finden sein. Es geschah aber am siebten Tag, dass etliche vom Volk hinausgingen, um zu sammeln; und sie fanden nichts. Da sprach der HERR zu Mose: Wie lange weigert ihr euch, meine Gebote und meine Anweisungen zu halten?

3Mo 23,3 Sechs Tage lang soll man arbeiten, aber am siebten Tag ist ein Sabbat der Ruhe, eine heilige Versammlung; da sollt ihr kein Werk tun; denn es ist der Sabbat des HERRN, in allen euren Wohnorten.

b. Neh.13,15-22 Zu jener Zeit sah ich, dass etliche in Juda am Sabbat die Kelter traten und Garben einbrachten und Esel beluden, auch Wein, Trauben, Feigen und allerlei Lasten aufluden und dies am Sabbat nach Jerusalem brachten. Da verwarnte ich sie an dem Tag, da sie die Lebensmittel verkauften. Es wohnten auch Tyrer in [der Stadt], die brachten Fische und allerlei Ware und verkauften sie am Sabbat den Kindern Judas und in Jerusalem. Da stritt ich mit den Vornehmsten von Juda und sprach zu ihnen: Was ist das für eine schlimme Sache, die ihr tut, dass ihr den Sabbat entheiligt? Machten es nicht eure Väter so, und brachte unser Gott [nicht darum] all dies Unglück über uns und über diese Stadt? Und ihr bringt noch mehr Zorn über Israel, indem ihr den Sabbat entheiligt? Und es geschah, sobald es dunkel wurde in den Toren Jerusalems vor dem Sabbat, da befahl ich, die Tore zu schließen; und ich befahl, man solle sie nicht öffnen bis nach dem Sabbat; und ich stellte einige meiner Diener an den Toren auf, damit man am Sabbattag keine Last hereinbringe. Nun blieben die Krämer und Verkäufer von allerlei Ware über Nacht draußen vor Jerusalem, ein- und zweimal. Da verwarnte ich sie und sprach: Warum bleibt ihr über Nacht vor der Mauer? Wenn ihr es noch einmal tut, werde ich Hand an euch legen! Von der Zeit an kamen sie am Sabbat nicht mehr. Und ich befahl den Leviten, sich zu reinigen und zu kommen und die Tore zu hüten, damit der Sabbattag geheiligt werde. — Mein Gott, gedenke mir auch dessen, und verschone mich nach deiner großen Gnade!

c. Lk 4,16 Und er kam nach Nazareth, wo er erzogen worden war, und ging nach seiner Gewohnheit am Sabbattag in die Synagoge und stand auf, um vorzulesen.

Apg 20,7 Am ersten Tag der Woche aber, als die Jünger versammelt waren, um das Brot zu brechen, unterredete sich Paulus mit ihnen, da er am folgenden Tag abreisen wollte, und er dehnte die Rede bis Mitternacht aus.

Ps 92,1-2 Ein Psalmlied. Für den Sabbattag. Gut ist's, dem HERRN zu danken, und deinem Namen zu lobsingen, du Höchster;

Jes 66,23 Und es wird geschehen, dass an jedem Neumond und an jedem Sabbat alles Fleisch sich einfinden wird, um vor mir anzubeten, spricht der HERR.

d. Mt 12,11-12 Er aber sprach zu ihnen: Welcher Mensch ist unter euch, der ein Schaf hat und, wenn es am Sabbat in eine Grube fällt, es nicht ergreift und herauszieht? Wie viel mehr ist nun ein Mensch wert als ein Schaf! Darum darf man am Sabbat wohl Gutes tun.

Mk 2,27 Und er sprach zu ihnen: Der Sabbat wurde um des Menschen willen geschaffen, nicht der Mensch um des Sabbats willen.

Fragen zum Gespräch:

o *Nenne Beispiele für Handlungen, die an allen Tagen, aber nicht am Tag des Herrn erlaubt sind.*

o *Warum sollen wir solche Dinge am Tag des Herrn unterlassen?*

o *Nenne Beispiele für Werke der Barmherzigkeit, die am Tag des Herrn getan werden müssen.*

64. Frage: Was wird im vierten Gebot verboten?

Antwort: Das vierte Gebot verbietet das Unterlassen oder das nachlässige Erfüllen der geforderten Pflichten [a], sowie die Entweihung des Tages durch Müßiggang oder sündhafte Werke [b], durch unnütze Gedanken oder Worte, durch Werktagsarbeit oder weltliche Vergnügungen. [c]

a. Hes 22,26 Seine Priester tun meinem Gesetz Gewalt an und entweihen meine Heiligtümer; sie machen keinen Unterschied zwischen dem Heiligen und dem Unheiligen und lehren nicht, zu unterscheiden zwischen dem Unreinen und dem Reinen. Sie verbergen ihre Augen vor meinen Sabbaten, und ich werde entheiligt in ihrer Mitte.

Am 8,5-6 die ihr sagt: »Wann [endlich] ist der Neumond vorüber, damit wir Getreide verkaufen, und der Sabbat, dass wir Korn anbieten, damit wir das Ephamaß verkleinern und das Schekelgewicht erhöhen und die Waage zum Betrug fälschen können, dass wir die Bedürftigen um Geld und den Armen für ein Paar Schuhe kriegen und Spreu als Korn verkaufen können?«

Mal 1,13 Und ihr sagt: »Siehe, ist es auch der Mühe wert?« Und ihr verachtet ihn, spricht der HERR der Heerscharen, und bringt Geraubtes und Lahmes und Krankes herbei und bringt so etwas als Opfergabe dar. Sollte ich das von eurer Hand wohlgefällig annehmen?, spricht der HERR.

b. Hes 23,38 -39 Überdies haben sie mir auch das angetan: Sie haben an demselben Tag mein Heiligtum verunreinigt und meine Sabbate entheiligt. Denn wenn sie ihre Kinder ihren Götzen geschlachtet hatten, so kamen sie noch am selben Tag in mein Heiligtum, um es zu entweihen. Siehe, das haben sie mitten in meinem Haus getrieben!

c. Jer 17,24-25 Wenn ihr nun wirklich auf mich hört, spricht der HERR, und am Sabbattag keine Last durch die Tore dieser Stadt hineintragt, sondern den Sabbat heiligt, sodass ihr an diesem Tag kein Werk tut, dann wird es geschehen, dass durch die Tore dieser Stadt Könige und Fürsten einziehen, die auf dem Thron Davids sitzen werden; sie werden auf Wagen fahren und auf Pferden reiten, sie und ihre Fürsten, die Männer von Juda und die Einwohner von Jerusalem; und diese Stadt wird für immer bewohnt bleiben.

Jes 58,13 Wenn du am Sabbat deinen Fuß zurückhältst, dass du nicht an meinem heiligen Tag das tust, was dir gefällt; wenn du den Sabbat deine Lust nennst und den heiligen [Tag] des HERRN ehrenwert; wenn du ihn ehrst, sodass du nicht deine Gänge erledigst und nicht dein Geschäft treibst, noch nichtige Worte redest; dann wirst du an dem HERRN deine Lust haben;

Fragen zum Gespräch:

o *Welche Beispiele für Sabbatentheiligung werden in den angeführten Schriftstellen genannt?*

o *Nenne Beispiele für „weltliche Vergnügungen", die wir am Sabbat meiden sollten.*

65. Frage: Welches sind die Gründe für das vierte Gebot?

Antwort: Die Gründe für das vierte Gebot sind,

o *dass Gott uns an sechs Tagen der Woche erlaubt, unseren eigenen Beschäftigungen nachzugehen [a],*

o *dass Er den siebten Tag für sich beansprucht [b],*

o *dass Er selbst an diesem Tag geruht hat [c] und*

o *dass Er ihn gesegnet hat. [d]*

a. 2Mo 20,9 Sechs Tage sollst du arbeiten und alle deine Werke tun;

2Mo 31,15 Sechs Tage soll man arbeiten; aber am siebten Tag ist der Sabbat völliger Ruhe, heilig dem HERRN. Jeder, der am Sabbattag eine Arbeit verrichtet, der soll unbedingt sterben!

b. 2Mo 20,10 … aber am siebten Tag ist der Sabbat des HERRN, deines Gottes; da sollst du kein Werk tun; weder du, noch dein Sohn, noch deine Tochter, noch dein Knecht, noch deine Magd, noch dein Vieh, noch dein Fremdling, der innerhalb deiner Tore lebt.

3Mo 23,3 Sechs Tage lang soll man arbeiten, aber am siebten Tag ist ein Sabbat der Ruhe, eine heilige Versammlung; da sollt ihr kein Werk tun; denn es ist der Sabbat des HERRN, in allen euren Wohnorten.

c. 2Mo 31,17 Er ist ein ewiges Zeichen zwischen mir und den Kindern Israels; denn in sechs Tagen hat der HERR Himmel und Erde gemacht; aber am siebten Tag ruhte er und erquickte sich.

d. 1Mo 2,3 Und Gott segnete den siebten Tag und heiligte ihn, denn an ihm ruhte er von seinem ganzen Werk, das Gott schuf, als er es machte.

2Mo 20,11 Denn in sechs Tagen hat der HERR Himmel und Erde gemacht und das Meer und alles, was darin ist, und er ruhte am siebten Tag; darum hat der HERR den Sabbattag gesegnet und geheiligt.

Fragen zum Gespräch:

o *Warum ruhte Gott am siebten Tag?*

o *Tut Gott am Sabbat gar nichts?*

o *Warum ist es für uns notwendig, einen von sieben Tagen zu ruhen?*

- Wie sollen sich die verhalten, deren Beruf es erfordert, am Tag des Herrn zu arbeiten?
- Bist du dir einer häufigen Übertretung dieses Gebotes bewusst, so dass du täglich mehr Gottes Hilfe in Anspruch nehmen willst?

66. Frage: Wie lautet das fünfte Gebot?

Antwort: Das fünfte Gebot lautet:

Ehre deinen Vater und deine Mutter, damit deine Tage lange währen in dem Land, das der HERR, dein Gott, dir gibt. [a]

a. 2Mo 20,12

Fragen zum Gespräch:

- *Warum werden in diesem Gebot ausdrücklich Vater und Mutter genannt?*
- *Was sollen Eltern von ihren Kindern fordern und was dürfen sie nicht fordern? Wann müssen Kinder ihren Eltern gehorchen und wann nicht?*

67. Frage: Was wird im fünften Gebot gefordert?

Antwort: Das fünfte Gebot fordert die gebührende Ehrerbietung und Pflichterfüllung gegenüber jedem Menschen gemäß seiner jeweiligen Stellung, ob Vorgesetzter, Untergebener oder Gleichgestellter. [a]

a. Röm 12,10 In der Bruderliebe seid herzlich gegeneinander; in der Ehrerbietung komme einer dem anderen zuvor!

Röm 13,1 Jedermann ordne sich den Obrigkeiten unter, die über ihn gesetzt sind; denn es gibt keine Obrigkeit, die nicht von Gott wäre; die bestehenden Obrigkeiten aber sind von Gott eingesetzt.

Eph 5,21-23 Ordnet euch einander unter in der Furcht Gottes! Ihr Frauen, ordnet euch euren eigenen Männern unter als dem Herrn; denn der Mann ist das Haupt der Frau, wie auch der Christus das Haupt der Gemeinde ist; und er ist der Retter des Leibes.

Eph 6,1-2 Ihr Kinder, seid gehorsam euren Eltern in dem Herrn; denn das ist recht. »Du sollst deinen Vater und deine Mutter ehren«, das ist das erste Gebot mit einer Verheißung ...

Eph 6,5+9 Ihr Knechte, gehorcht euren leiblichen Herren mit Furcht und Zittern, in Einfalt eures Herzens, als dem Christus; ... Und ihr Herren, tut dasselbe ihnen gegenüber und lasst das Drohen, da ihr wisst, dass auch euer eigener Herr im Himmel ist und dass es bei ihm kein Ansehen der Person gibt.

1Pe 2,13-14+17 Ordnet euch deshalb aller menschlichen Ordnung unter um des Herrn willen, es sei dem König als dem Oberhaupt 14 oder den Statthaltern als seinen Gesandten zur Bestrafung der Übeltäter und zum Lob derer, die Gutes tun. ... 17 Erweist jedermann Achtung, liebt die Bruderschaft, fürchtet Gott, ehrt den König!

Fragen zum Gespräch:

- o *Worin liegt das Verständnis begründet, dass sich dieses Gebot nicht nur auf unsere leiblichen Eltern bezieht, sondern dass es alle Autoritätsbeziehungen (Familie, Gemeinde, Beruf) regelt?*
- o *Wie ehren wir unsere Eltern im Geist des fünften Gebots?*
- o *Wie erziehen wir unsere Kinder im Geist des fünften Gebots?*
- o *Wie sollen wir an unserem Arbeitsplatz über Vorgesetzte reden?*
- o *Wie sollen wir die Obrigkeit ehren?*

68. Frage: Was wird im fünften Gebot verboten?

Antwort: Das fünfte Gebot verbietet die Vernachlässigung oder Unterlassung der gebührenden Ehrerbietung und Pflichterfüllung gegenüber jedem Menschen gemäß seiner jeweiligen Stellung. [a]

a. Röm 13,7-8 So gebt nun jedermann, was ihr schuldig seid: Steuer, dem die Steuer, Zoll, dem der Zoll, Furcht, dem die Furcht, Ehre, dem die Ehre gebührt. 8 Seid niemand etwas schuldig, außer dass ihr einander liebt; denn wer den anderen liebt, hat das Gesetz erfüllt.

Mt 15,4-6 Denn Gott hat geboten und gesagt: »Du sollst deinen Vater und deine Mutter ehren!« und: »Wer Vater oder Mutter flucht, der soll des Todes sterben!« Ihr aber sagt: Wer zum Vater oder zur Mutter spricht: Ich habe zur Weihegabe bestimmt, was dir von mir zugutekommen sollte!, der braucht auch seinen Vater oder seine Mutter nicht mehr

Ein kleiner Katechismus

zu ehren. Und so habt ihr das Gebot Gottes um eurer Überlieferung willen aufgehoben.

Hes 34,2-4 Menschensohn, weissage gegen die Hirten Israels, weissage und sprich zu ihnen, den Hirten: So spricht GOTT, der Herr: Wehe den Hirten Israels, die sich selbst weiden! Sollen die Hirten nicht die Herde weiden? Das Fette verzehrt ihr, mit der Wolle bekleidet ihr euch, und das Gemästete schlachtet ihr, aber die Herde weidet ihr nicht! Das Schwache stärkt ihr nicht, das Kranke heilt ihr nicht, das Verwundete verbindet ihr nicht, das Verscheuchte holt ihr nicht zurück, und das Verlorene sucht ihr nicht, sondern mit Gewalt und Härte herrscht ihr über sie!

Fragen zum Gespräch:

o *Welche konkreten Übertretungen sind in den angeführten Schriftstellen genannt?*

o *Gibt es einen Bereich in der Beziehung zu anderen, in denen du häufig dieses Gebot übertrittst, so dass du mehr Gottes Hilfe in Anspruch nehmen willst?*

69. Frage: Wie wird das fünfte Gebot begründet?

Antwort: Der Grund für das fünfte Gebot ist eine Verheißung, die all denen gilt, die dieses Gebot halten, sofern es zu Gottes Ehre und ihnen selbst zum Besten dient. [a]

a. 5Mo 5,16 Du sollst deinen Vater und deine Mutter ehren, wie es dir der HERR, dein Gott, geboten hat, damit du lange lebst und es dir gut geht in dem Land, das der HERR, dein Gott, dir gibt!

Eph 6,2-3 Ihr Kinder, seid gehorsam euren Eltern in dem Herrn; denn das ist recht. »Du sollst deinen Vater und deine Mutter ehren«, das ist das erste Gebot mit einer Verheißung ...

Fragen zum Gespräch:

o *Was bedeutet die Verheißung, die mit dem fünften Gebot gegeben ist?*

o *Wieso betont Paulus, dass dies das erste Gebot mit Verheißung ist?*

70. Frage: Wie lautet das sechste Gebot?

Antwort: Das sechste Gebot lautet: Du sollst nicht töten! [a]

   a. 2Mo 20,13

Fragen zum Gespräch:
- *Was ist mit „töten" gemeint?*
- *Gibt es Fälle, in denen es erlaubt oder sogar geboten ist, einen Menschen zu töten?*
- *Was sagt uns dieses Gebot über das menschliche Leben?*

71. Frage: Was wird im sechsten Gebot gefordert?

Antwort: Das sechste Gebot fordert alle berechtigten Bemühungen, um sowohl unser eigenes Leben [a] *als auch das Leben anderer zu erhalten.* [b]

1. Eph 5,28-29 Ebenso sind die Männer verpflichtet, ihre eigenen Frauen zu lieben wie ihre eigenen Leiber; wer seine Frau liebt, der liebt sich selbst. Denn niemand hat je sein eigenes Fleisch gehasst, sondern er nährt und pflegt es, gleichwie der Herr die Gemeinde.
2. Ps 82,3-4 Schafft Recht dem Geringen und der Waise, den Elenden und Armen lasst Gerechtigkeit widerfahren! Befreit den Geringen und Bedürftigen, errettet ihn aus der Hand der Gottlosen!

   Hi 29,12-13 Denn ich rettete den Elenden, der um Hilfe schrie, und die Waise, die keinen Helfer hatte. Der Segenswunsch des Verlorenen kam über mich, und ich brachte das Herz der Witwe zum Jauchzen.

   1Kö 18,4 Denn es geschah, als Isebel die Propheten des HERRN ausrottete, da nahm Obadja 100 Propheten und verbarg sie in Höhlen, hier 50 und dort 50, und versorgte sie mit Brot und Wasser.

Fragen zum Gespräch:
- *Ist jegliches menschliche Leben wertvoll?*
- *Wie können wir uns praktisch bemühen, unser eigenes Leben zu erhalten?*

           Ein kleiner Katechismus

o *Wie können wir uns praktisch bemühen, das Leben unseres Nächsten zu erhalten?*

72. Frage: Was wird im sechsten Gebot verboten?

Antwort: Das sechste Gebot verbietet, unserer Gesundheit oder der unseres Nächsten zu schaden, unser Leben oder das unseres nächsten leichtfertig zu gefährden, uns selber[a] oder unserem Nächsten[b] das Leben unberechtigterweise zu nehmen, sowie alles, was darauf abzielt.[c]

a. Apg 16,28 Aber Paulus rief mit lauter Stimme und sprach: Tu dir kein Leid an; denn wir sind alle hier!

b. 1Mo 9,6 Wer Menschenblut vergießt, dessen Blut soll auch durch Menschen vergossen werden; denn im Bild Gottes hat Er den Menschen gemacht.

c. 3Mo 19,17 Du sollst deinen Bruder nicht hassen in deinem Herzen; sondern du sollst deinen Nächsten ernstlich zurechtweisen, dass du nicht seinetwegen Schuld tragen musst!

Spr 24,11-12 Errette, die zum Tod geschleppt werden, und die zur Schlachtbank wanken, halte zurück! Wenn du sagen wolltest: »Siehe, wir haben das nicht gewusst!« — wird nicht der, welcher die Herzen prüft, es erkennen, und der auf deine Seele achthat, es wahrnehmen und dem Menschen vergelten nach seinem Tun?

Fragen zum Gespräch:

o *Warum ist es falsch, sich selbst das Leben zu nehmen?*

o *Wann ist es berechtigt, das Leben eines Menschen zu nehmen?*

o *Bist du dir einer häufigen Übertretung dieses Gebotes bewusst, so dass du täglich mehr Gottes Hilfe in Anspruch nehmen willst?*

73. Frage: Wie lautet das siebte Gebot?

Antwort: Das siebte Gebot lautet: Du sollst nicht ehebrechen.[a]

a 2Mo 20,14

Fragen zum Gespräch:

- o *Was wird durch dieses Gebot beschützt?*
- o *Welche Formen des Ehebruchs sind dir bekannt?*

74. Frage: Was wird im siebten Gebot gefordert?

Antwort: Das siebte Gebot fordert, dass wir unsere eigene und unseres Nächsten Reinheit bewahren [a] im Herzen [b], in der Rede [c] und im Verhalten. [d]

a. 1Thes 4,3-5 Denn das ist der Wille Gottes, eure Heiligung, dass ihr euch der Unzucht enthaltet; dass es jeder von euch versteht, sein eigenes Gefäß in Heiligung und Ehrbarkeit in Besitz zu nehmen, nicht mit leidenschaftlicher Begierde wie die Heiden, die Gott nicht kennen;

   1Kor 7,2 … um aber Unzucht zu vermeiden, soll jeder [Mann] seine eigene Frau und jede [Frau] ihren eigenen Mann haben.

   Eph 5,10-12 Prüft also, was dem Herrn wohlgefällig ist, und habt keine Gemeinschaft mit den unfruchtbaren Werken der Finsternis, deckt sie vielmehr auf; denn was heimlich von ihnen getan wird, ist schändlich auch nur zu sagen.

b. 2Tim 2,22 So fliehe nun die jugendlichen Lüste, jage aber der Gerechtigkeit, dem Glauben, der Liebe, dem Frieden nach zusammen mit denen, die den Herrn aus reinem Herzen anrufen!

c. Eph 5,3-4 Unzucht aber und alle Unreinheit oder Habsucht soll nicht einmal bei euch erwähnt werden, wie es Heiligen geziemt; auch nicht Schändlichkeit und albernes Geschwätz oder Witzeleien, die sich nicht gehören, sondern vielmehr Danksagung.

d. 1Pe 3,1-2 Gleicherweise sollen auch die Frauen sich ihren eigenen Männern unterordnen, damit, wenn auch etliche sich weigern, dem Wort zu glauben, sie durch den Wandel der Frauen ohne Wort gewonnen werden, wenn sie euren in Furcht keuschen Wandel ansehen.

Fragen zum Gespräch:

- o *Was können wir tun, um unser eigenes Herz rein zu bewahren?*
- o *Was können wir tun, um die Reinheit im Reden zu bewahren?*
- o *Was können wir tun, um in Reinheit zu leben?*

75. Frage: Was wird im siebten Gebot verboten?

Antwort: *Das siebte Gebot verbietet alle unreinen Gedanken [a], Worte und Handlungen. [b]*

    a. Mt 15,27-28 Ihr habt gehört, dass zu den Alten gesagt ist: »Du sollst nicht ehebrechen!« Ich aber sage euch: Wer eine Frau ansieht, um sie zu begehren, der hat in seinem Herzen schon Ehebruch mit ihr begangen.

    b. Eph 5,3+4 s. oben

Fragen zum Gespräch:

- *Wie kommt es zu unreinen Gedanken?*
- *In welcher Weise kann unser Reden unrein sein?*
- *Wie müssen wir ein Zusammenleben eines Paares vor der Ehe oder ohne Ehe oder vorehelichen Geschlechtsverkehr beurteilen?*
- *Bist du dir einer häufigen oder schweren Übertretung dieses Gebotes bewusst, so dass du täglich mehr Gottes Vergebung und Hilfe in Anspruch nehmen willst?*

76. Frage: Wie lautet das achte Gebot?

Antwort: *Das achte Gebot lautet: Du sollst nicht stehlen. [a]*

    a. 2Mo 20,15

Fragen zum Gespräch:

- *Was wird durch dieses Gebot beschützt?*
- *Was bedeutet „stehlen"?*

77. Frage: Was wird im achten Gebot gefordert?

Antwort: *Das achte Gebot fordert, dass wir nur in rechtmäßiger Weise Besitz für uns selbst oder andere erwerben oder vermehren. [a]*

a. 1Tim 5,8 Wenn aber jemand für die Seinen, besonders für seine Hausgenossen, nicht sorgt, so hat er den Glauben verleugnet und ist schlimmer als ein Ungläubiger.

Spr 27,23 Habe acht auf das Aussehen deiner Schafe, und nimm dich der Herden an!

Apg 20,33-35 Silber oder Gold oder Kleidung habe ich von niemand begehrt; ihr wisst ja selbst, dass diese Hände für meine Bedürfnisse und für diejenigen meiner Gefährten gesorgt haben. In allem habe ich euch gezeigt, dass man so arbeiten und sich der Schwachen annehmen soll, eingedenk der Worte des Herrn Jesus, der selbst gesagt hat: Geben ist glückseliger als Nehmen!

Phil 2,4 Jeder schaue nicht auf das Seine, sondern jeder auf das des anderen.

3Mo 25,35 Wenn dein Bruder verarmt neben dir und sich nicht mehr halten kann, so sollst du ihm Hilfe leisten, er sei ein Fremdling oder Gast, damit er bei dir leben kann.

5Mo 22,1-4 Du sollst nicht zusehen, wie das Rind oder Schaf deines Bruders irregeht, und du sollst dich ihnen nicht entziehen; sondern du sollst sie deinem Bruder unbedingt wieder zurückbringen. Wenn aber dein Bruder nicht in deiner Nähe wohnt oder du ihn nicht kennst, so sollst du sie in dein Haus aufnehmen, dass sie bei dir seien, bis dein Bruder sie sucht, und dann sollst du sie ihm zurückgeben. Ebenso sollst du es auch mit seinem Esel machen, und so sollst du es mit seinem Gewand machen, und so sollst du es mit allem Verlorenen machen, das dein Bruder verliert und das du findest; du kannst dich [ihm] nicht entziehen. Du sollst nicht zusehen, wie der Esel deines Bruders oder sein Rind auf dem Weg fallen, und du sollst dich ihnen nicht entziehen, sondern du sollst ihnen unbedingt aufhelfen.

2Mo 23,4-5 Wenn du das Rind deines Feindes oder seinen Esel antriffst, der sich verlaufen hat, so sollst du ihm denselben auf jeden Fall wiederbringen. Siehst du den Esel deines Feindes unter seiner Last erliegen, könntest du es unterlassen, ihm zu helfen? Du sollst ihm samt jenem unbedingt aufhelfen!

Hi 29,11-17 Wessen Ohr mich hörte, der pries mich glücklich, und wessen Auge mich sah, der stimmte mir zu. Denn ich rettete den Elenden, der um Hilfe schrie, und die Waise, die keinen Helfer hatte. Der Segenswunsch des Verlorenen kam über mich, und ich brachte das Herz der Witwe zum Jauchzen. Die Gerechtigkeit, die ich angelegt hatte, bekleidete mich; als Talar und Turban diente mir mein Recht. Ich war das Auge des Blinden und der Fuß des Lahmen. Ich war der Vater des Armen, und die Streitsache dessen, den ich nicht kannte, untersuchte ich.

Ein kleiner Katechismus

Ich zerbrach die Kinnladen des Frevlers und riss ihm den Raub aus den Zähnen.

Fragen zum Gespräch:

- ○ *Nenne Beispiele, den eigenen Besitz auf rechtmäßige Weise zu erhalten oder zu mehren.*
- ○ *Nenne Beispiele, wie wir anderen dabei helfen können, ihren Besitz auf rechtmäßige Weise zu erhalten oder zu vermehren.*

78. Frage: Was wird im achten Gebot verboten?

Antwort: Das achte Gebot verbietet alles, was unserem eigenen oder unseres Nächsten Besitz hinderlich ist oder sein kann. Insbesondere verbietet es, etwas zu nehmen oder ohne Erlaubnis zu gebrauchen, was unserem Nächsten gehört. [a]

a. Spr 21,17 Wer das Vergnügen liebt, muss Mangel leiden; wer Wein und Öl liebt, wird nicht reich.

Spr 23,20+21 Geselle dich nicht zu den Weinsäufern und zu denen, die sich übermäßigem Fleischgenuss ergeben, denn Säufer und Schlemmer verarmen, und Schläfrigkeit kleidet in Lumpen.

Spr 28,19 Wer seinen Acker bebaut, hat reichlich Brot, wer aber unnützen Sachen nachläuft, der hat reichlich Not.

Eph 4,28 Wer gestohlen hat, der stehle nicht mehr, sondern bemühe sich vielmehr, mit den Händen etwas Gutes zu erarbeiten, damit er dem Bedürftigen etwas zu geben habe.

Fragen zum Gespräch:

- ○ *Welche Beispiele werden in den angeführten Bibeltexten erwähnt, wie man dieses Gebot übertreten kann?*
- ○ *Bist du dir einer Übertretung dieses Gebotes bewusst, so dass du Gottes Vergebung und Hilfe in Anspruch nehmen willst? Was ist mit Wiedergutmachung, vgl. Lk 19,8?*

79. Frage: Wie lautet das neunte Gebot?

Antwort: Das neunte Gebot lautet: Du sollst gegen deinen Nächsten nicht als falscher Zeuge aussagen. [a]

a. 2Mo 20,16

Fragen zum Gespräch:
- o *Was wird durch dieses Gebot beschützt?*
- o *Was bedeutet „als falscher Zeuge aussagen"?*

80. Frage: Was wird im neunten Gebot gefordert?

Antwort: Das neunte Gebot fordert, dass wir nur das denken und reden, was wahrhaftig, ehrbar, gerecht, rein, liebenswert und tugendhaft ist [a]*. Wir sollen so reden, dass unsere eigener* [b] *guter Name und der unseres Nächsten* [c] *bewahrt wird, besonders bei einer Zeugenaussage.* [d]

a. Phil 4,8 Im Übrigen, ihr Brüder, alles, was wahrhaftig, was ehrbar, was gerecht, was rein, was liebenswert, was wohllautend, was irgendeine Tugend oder etwas Lobenswertes ist, darauf seid bedacht!

   Sach 8,16-17 Das ist es aber, was ihr tun sollt: Redet die Wahrheit, jeder mit seinem Nächsten, übt treulich Recht und fällt einen Rechtsspruch des Friedens in euren Toren; und keiner sinne Böses in seinem Herzen gegen seinen Bruder; liebt auch nicht falschen Eid!

b. 1Pe 3,16 … und bewahrt ein gutes Gewissen, damit die, welche euren guten Wandel in Christus verlästern, zuschanden werden in dem, worin sie euch als Übeltäter verleumden mögen.

   Apg 25,10 Aber Paulus sprach: Ich stehe vor dem Richterstuhl des Kaisers, dort muss ich gerichtet werden! Den Juden habe ich kein Unrecht getan, wie du selbst sehr wohl weißt.

c. 3Joh 12 Dem Demetrius wird von allen und von der Wahrheit selbst ein gutes Zeugnis ausgestellt; auch wir geben Zeugnis dafür, und ihr wisst, dass unser Zeugnis wahr ist.

d. Spr 14,5+25 Ein treuer Zeuge lügt nicht, aber ein falscher Zeuge spricht Lügen aus. … 25 Ein Zeuge der Wahrheit rettet Seelen; wer aber Lügen vorbringt, der ist ein Betrüger.

Ein kleiner Katechismus

Fragen zum Gespräch:

- o *Was bedeutet „wahrhaftig"?*
- o *Wie können wir den guten Namen unseres Nächsten schützen?*

81. Frage: Was wird im neunten Gebot verboten?

Antwort: Das neunte Gebot verbietet alles, was die Wahrheit schädigt [a], oder was unserem eigenen guten Namen [b] oder dem unseres Nächsten schadet. [c]

a. Röm 3,13 Ihre Kehle ist ein offenes Grab, mit ihren Zungen betrügen sie; Otterngift ist unter ihren Lippen;

b. Hi 27,5 Fern sei es von mir, dass ich euch recht gebe; ich werde mir meine Unschuld nicht nehmen lassen bis an mein Ende!

c. 3Mo 19,16 Du sollst nicht als Verleumder umhergehen unter deinem Volk! Du sollst auch nicht auftreten gegen das Blut deines Nächsten! Ich bin der HERR.

Ps 15,3 wer keine Verleumdungen herumträgt auf seiner Zunge, wer seinem Nächsten nichts Böses tut und seinen Nachbarn nicht schmäht;

Fragen zum Gespräch:

- o *Welche Übertretungen werden in den angeführten Bibeltexten genannt?*
- o *Wie sollen wir uns verhalten, wenn es Nachteile mit sich bringt, die Wahrheit zu sagen?*
- o *Nennt die Bibel Fälle, wo Gott jemanden lobt, obwohl er die Unwahrheit gesagt hat?*
- o *Wie sollen wir uns verhalten, wenn jemand etwas Schlechtes über einen anderen sagt.*
- o *Bist du dir einer Übertretung dieses Gebotes bewusst, so dass du Gottes Vergebung und Hilfe in Anspruch nehmen willst?*

82. Frage: Wie lautet das zehnte Gebot?

Antwort: Das zehnte Gebot lautet:

Du sollst nicht das Haus deines Nächsten begehren. Du sollst nicht begehren die Frau deines Nächsten, noch seinen Knecht, noch seine Magd, weder sein Rind noch seinen Esel, noch irgendetwas, was deinem Nächsten gehört. [a]

a   2Mo 20,17

Fragen zum Gespräch:

- o   *Was wird durch dieses Gebot geschützt?*
- o   *Was bedeutet „begehren"?*

83. Frage: Was wird im zehnten Gebot gefordert?

Antwort: Das zehnte Gebot fordert volle Zufriedenheit mit unseren eigenen Umständen [a], und Respekt und Achtung vor unserem Nächsten und seinem Eigentum. [b]

- a. Hebr 13,5 Euer Lebenswandel sei frei von Geldliebe! Begnügt euch mit dem, was vorhanden ist; denn er selbst hat gesagt: »Ich will dich nicht aufgeben und dich niemals verlassen!«

    1Tim 6,6 Es ist allerdings die Gottesfurcht eine große Bereicherung, wenn sie mit Genügsamkeit verbunden wird.

- b. Hi 31,29-30 Habe ich mich gefreut über den Sturz meines Feindes und mich ergötzt daran, wenn ihn ein Unglück traf? Nein, ich habe meine Zunge nie hergegeben zum Sündigen, dass ich mit einem Fluch sein Leben gefordert hätte.

    Röm 12,15 Freut euch mit den Fröhlichen und weint mit den Weinenden!

    1Tim 1,5 das Endziel des Gebotes aber ist Liebe aus reinem Herzen und gutem Gewissen und ungeheucheltem Glauben.

    1Kor 13,4-7 Die Liebe ist langmütig und gütig, die Liebe beneidet nicht, die Liebe prahlt nicht, sie bläht sich nicht auf; sie ist nicht unanständig, sie sucht nicht das Ihre, sie lässt sich nicht erbittern, sie rechnet das Böse nicht zu; sie freut sich nicht an der Ungerechtigkeit, sie freut sich aber an der Wahrheit; sie erträgt alles, sie glaubt alles, sie hofft alles, sie erduldet alles.

Fragen zum Gespräch:

- ○ *Sollen wir wirklich mit und in allen Lebensumständen zufrieden sein? Warum?*
- ○ *Wie sollen wir damit umgehen, wenn wir Mangel empfinden oder uns etwas wünschen?*

84. Frage: Was wird im zehnten Gebot verboten?

Antwort: Das zehnte Gebot verbietet alle Unzufriedenheit [a], ebenso Neid oder Verdruss im Blick auf Eigentum unseres Nächsten [b] und alle ungebührlichen Begierden nach irgendetwas, das uns nicht gehört. [c]

a. 1Kö 21,4 Da kam Ahab heim, missmutig und zornig um des Wortes willen, das Nabot, der Jesreelit, zu ihm gesprochen hatte: Ich will dir das Erbe meiner Väter nicht geben! Und er legte sich auf sein Bett, wandte sein Angesicht ab und aß nichts.

Est 5,13 Aber das alles befriedigt mich nicht, solange ich Mordechai, den Juden, im Tor des Königs sitzen sehe!

1Kor 10,10 Murrt auch nicht, so wie auch etliche von ihnen murrten und durch den Verderber umgebracht wurden.

b. Gal 5,26 Lasst uns nicht nach leerem Ruhm streben, einander nicht herausfordern noch einander beneiden!

Jak 3,14+16 Wenn ihr aber bitteren Neid und Selbstsucht in eurem Herzen habt, so rühmt euch nicht und lügt nicht gegen die Wahrheit! … Denn wo Neid und Selbstsucht ist, da ist Unordnung und jede böse Tat.

c. Kol 3,5 Tötet daher eure Glieder, die auf Erden sind: Unzucht, Unreinheit, Leidenschaft, böse Lust und die Habsucht, die Götzendienst ist;

Fragen zum Gespräch:

- ○ *Was passiert, wenn wir andere um etwas beneiden?*
- ○ *Bezieht sich Neid nur auf „Dinge"?*
- ○ *Was kann man gegen Neid und Unzufriedenheit tun?*
- ○ *Bist du dir einer Übertretung dieses Gebotes bewusst, so dass du täglich mehr Gottes Hilfe in Anspruch nehmen willst?*

85. Frage: Ist irgendein Mensch fähig, die Gebote Gottes vollkommen zu halten?

Antwort: Seit dem Sündenfall ist kein natürlicher Mensch fähig, die Gebote Gottes vollkommen zu halten [a]. Wir alle übertreten sie täglich unzählige Male in Gedanken, Worten und Werken. [b]

a. Pred 7,20 Weil kein Mensch auf Erden so gerecht ist, dass er Gutes tut, ohne zu sündigen, ...

1Joh 1,8+10 Wenn wir sagen, dass wir keine Sünde haben, so verführen wir uns selbst, und die Wahrheit ist nicht in uns. ... 10 Wenn wir sagen, dass wir nicht gesündigt haben, so machen wir ihn zum Lügner, und sein Wort ist nicht in uns.

Gal 5,17 Denn das Fleisch gelüstet gegen den Geist und der Geist gegen das Fleisch; und diese widerstreben einander, sodass ihr nicht das tut, was ihr wollt.

b. 1Mo 6,5 Als aber der HERR sah, dass die Bosheit des Menschen sehr groß war auf der Erde und alles Trachten der Gedanken seines Herzens allezeit nur böse, ...

1Mo 8,21 Und der HERR roch den lieblichen Geruch, und der HERR sprach in seinem Herzen: Ich will künftig den Erdboden nicht mehr verfluchen um des Menschen willen, obwohl das Trachten des menschlichen Herzens böse ist von seiner Jugend an; auch will ich künftig nicht mehr alles Lebendige schlagen, wie ich es getan habe.

Röm 3,9-21 siehe dort

Jak 3,2-12 siehe dort

Fragen zum Gespräch:

o *Kannst du dich an eine Zeit in deinem Leben erinnern, wo du keines der Gebote Gottes übertreten hast?*

o *Hoffst du, durch Wachstum in der Gnade hier in diesem Leben dahin zu kommen, dass du über längere Zeit sündlos bleiben kannst?*

o *Warum berichtet die Bibel die Sünden der Heiligen (z.B. David) so schonungslos?*

o *Davids Sünden waren womöglich größer als die Sauls. Warum Saul verworfen, David aber nicht?*

○ *Einen Menschen gab es aber doch, der das ganze Gesetz Gottes ge-*
halten hat, und zwar jeden Tag seines Lebens vollkommen!

86. Frage: Sind alle Übertretungen des Gesetzes gleichermaßen hassenswert?

Antwort: Jede Sünde verdient den Tod[a]. Manche Sünden sind an sich und wegen erschwerender Umstände vor dem Angesicht Gottes größer und hassenswerter als andere. [b]

a. Röm 6,23 Denn der Lohn der Sünde ist der Tod; aber die Gnadengabe Gottes ist das ewige Leben in Christus Jesus, unserem Herrn.

b. Hes 8,6,13,15 Da sprach er zu mir: Menschensohn, siehst du, was diese tun? Die großen Gräuel, welche das Haus Israel hier begeht, sodass ich mich von meinem Heiligtum entfernen muss? Aber du wirst noch mehr große Gräuel sehen! ... 13 Danach sprach er zu mir: Du wirst noch mehr große Gräuel sehen, die sie begehen! ... Da sprach er zu mir: Hast du das gesehen, Menschensohn? Du wirst noch mehr und größere Gräuel sehen als diese!

Joh 19,11 Jesus antwortete: Du hättest gar keine Vollmacht über mich, wenn sie dir nicht von oben her gegeben wäre; darum hat der, welcher mich dir ausliefert, größere Schuld!

Mt 11,23+24 Und du, Kapernaum, die du bis zum Himmel erhöht worden bist, du wirst bis zum Totenreich hinabgeworfen werden! Denn wenn in Sodom die Wundertaten geschehen wären, die bei dir geschehen sind, es würde noch heutzutage stehen. Doch ich sage euch: Es wird dem Land Sodom erträglicher gehen am Tag des Gerichts als dir!

Fragen zum Gespräch:

○ *Was ist Sünde?*

○ *Was ist die Strafe für jede Sünde?*

○ *Welche Beispiele werden in den angeführten Schriftstellen genannt für Sünden, die schlimmer als andere sind? Warum?*

○ *Bist du dir einer besonders schlimmen Sünde bewusst? Was willst du damit tun?*

IX. Sünde, Buße und Glauben

87. Frage: Was verdient jede Sünde?

Antwort: Jede Sünde verdient Gottes Zorn und Fluch in diesem und im zukünftigen Leben. [a]

a. Röm 6,23 Denn der Lohn der Sünde ist der Tod; aber die Gnadengabe Gottes ist das ewige Leben in Christus Jesus, unserem Herrn.

Eph 5,6 Lasst euch von niemand mit leeren Worten verführen! Denn um dieser Dinge willen kommt der Zorn Gottes über die Söhne des Ungehorsams.

Gal 3,10 Denn alle, die aus Werken des Gesetzes sind, die sind unter dem Fluch; denn es steht geschrieben: »Verflucht ist jeder, der nicht bleibt in allem, was im Buch des Gesetzes geschrieben steht, um es zu tun«.

Kla 3,39 Was beklagt sich der Mensch, der noch am Leben ist? Es hätte sich wahrlich jeder über seine Sünde zu beklagen!

Mt 25,41 Dann wird er auch denen zur Linken sagen: Geht hinweg von mir, ihr Verfluchten, in das ewige Feuer, das dem Teufel und seinen Engeln bereitet ist!

Fragen zum Gespräch:

- *Wie zeigt sich Gottes Liebe in dieser Antwort?*
- *Was ist der Unterschied zwischen Gottes Zorn und unserem?*
- *Nenne einige Beispiele aus der Bibel, wo Gott Menschen in ihrem damaligen Leben und für die Ewigkeit bestraft hat.*

88. Frage: Welchen Ausweg hat uns Gott geoffenbart, damit wir vor Seinem wohlverdientem Zorn und Fluch gerettet werden?

Antwort: Als den einzigen Weg zur Errettung von unseren Sünden hat Gott uns das Evangelium von Seinem Sohn Jesus Christus geoffenbart. [a]

Ein kleiner Katechismus

a. Röm 1,16 Denn ich schäme mich des Evangeliums von Christus nicht; denn es ist Gottes Kraft zur Errettung für jeden, der glaubt, zuerst für den Juden, dann auch für den Griechen; ...

Apg 4,12 Und es ist in keinem anderen das Heil; denn es ist kein anderer Name unter dem Himmel den Menschen gegeben, in dem wir gerettet werden sollen!

1Joh 5,12 Wer den Sohn hat, der hat das Leben; wer den Sohn Gottes nicht hat, der hat das Leben nicht.

Fragen zum Gespräch:

o *Was müssen wir über andere Religionen angesichts dieser Bibelstellen denken?*

o *Was müssen wir über Sekten denken, die sich auch zur Bibel (in irgendeiner Form) stellen, die aber den Herrn Jesus Christus nicht als den Sohn Gottes und damit als wahren Gott bekennen?*

o *Zu 1Joh 5,12: bist du sicher, dass du den Sohn Gottes hast? Worauf gründest du diese Sicherheit?*

89. Frage: Was fordert Gott in Seinem Evangelium von jedem Menschen, damit er gerettet wird?

Antwort: Um vor Gottes Zorn und Fluch gerettet zu werden, fordert Gott in Seinem Evangelium von allen Menschen Glauben an den HERRN Jesus Christus, Buße über unsere Sünde und sorgfältiges Beachten aller Anweisungen, die er uns darüber in der Bibel gibt. [a]

a. Mk 1,15 Die Zeit ist erfüllt, und das Reich Gottes ist nahe. Tut Buße und glaubt an das Evangelium!

Apg 2,38 Da sprach Petrus zu ihnen: Tut Buße, und jeder von euch lasse sich taufen auf den Namen Jesu Christi zur Vergebung der Sünden; so werdet ihr die Gabe des Heiligen Geistes empfangen.

Apg 17,30-31 Nun hat zwar Gott über die Zeiten der Unwissenheit hinweggesehen, jetzt aber gebietet er allen Menschen überall, Buße zu tun, weil er einen Tag festgesetzt hat, an dem er den Erdkreis in Gerechtigkeit richten wird durch einen Mann, den er dazu bestimmt hat und den er für alle beglaubigte, indem er ihn aus den Toten auferweckt hat.

Apg 20,21 ... indem ich Juden und Griechen die Buße zu Gott und den Glauben an unseren Herrn Jesus Christus bezeugt habe.

Spr 2,1-5 Mein Sohn, wenn du meine Worte annimmst und meine Gebote bei dir bewahrst, sodass du der Weisheit dein Ohr leihst und dein Herz der Einsicht zuwendest; wenn du um Verständnis betest und um Einsicht flehst, wenn du sie suchst wie Silber und nach ihr forschst wie nach Schätzen, dann wirst du die Furcht des HERRN verstehen und die Erkenntnis Gottes erlangen.

Jes 55,1-3 Wohlan, ihr Durstigen alle, kommt her zum Wasser; und die ihr kein Geld habt, kommt her, kauft und esst! Kommt her und kauft ohne Geld und umsonst Wein und Milch! Warum wiegt ihr Geld ab für das, was kein Brot ist, und euren Arbeitslohn für das, was nicht sättigt? Hört doch auf mich, so sollt ihr Gutes essen, und eure Seele soll sich laben an fetter Speise! Neigt eure Ohren und kommt her zu mir; hört, so wird eure Seele leben!

Fragen zum Gespräch:

- o *Welche anderen Wege versuchen Menschen, um dem Zorn und Gericht Gottes zu entfliehen?*
- o *Glauben und Buße – ein für alle Mal? Hast du dich für Jesus entschieden und seither brauchst du dich um Glauben und Buße nicht mehr zu kümmern?*

90. Frage: Was bedeutet es, an Jesus Christus zu glauben?

Antwort: Der Glaube an Jesus Christus ist ein Geschenk Gottes, eine rettende Gnadengabe [a], durch die Sünder Ihn aufnehmen [b] und zu ihrer Errettung allein auf Ihn vertrauen [c], so wie Er ihnen im Evangelium angeboten wird. [d]

a. Eph 2,8-9 Denn aus Gnade seid ihr errettet durch den Glauben, und das nicht aus euch — Gottes Gabe ist es; nicht aus Werken, damit niemand sich rühme.

2Pe 1,1 Simon Petrus, Knecht und Apostel Jesu Christi, an die, welche den gleichen kostbaren Glauben wie wir empfangen haben an die Gerechtigkeit unseres Gottes und Retters Jesus Christus ...

b. Joh 1,12-13 Allen aber, die ihn aufnahmen, denen gab er das Anrecht, Kinder Gottes zu werden, denen, die an seinen Namen glauben; die nicht aus dem Blut, noch aus dem Willen des Fleisches, noch aus dem Willen des Mannes, sondern aus Gott geboren sind.

c. Phil 3,9 ... damit ich Christus gewinne und in ihm erfunden werde, indem ich nicht meine eigene Gerechtigkeit habe, die aus dem Gesetz kommt, sondern die durch den Glauben an Christus, die Gerechtigkeit aus Gott aufgrund des Glaubens, ...

   Gal 2,16 ... weil wir erkannt haben, dass der Mensch nicht aus Werken des Gesetzes gerechtfertigt wird, sondern durch den Glauben an Jesus Christus, so sind auch wir an Christus Jesus gläubig geworden, damit wir aus dem Glauben an Christus gerechtfertigt würden und nicht aus Werken des Gesetzes, weil aus Werken des Gesetzes kein Fleisch gerechtfertigt wird.

d. Röm 10,14+17 Wie sollen sie aber den anrufen, an den sie nicht geglaubt haben? Wie sollen sie aber an den glauben, von dem sie nichts gehört haben? Wie sollen sie aber hören ohne einen Verkündiger? ... 17 Demnach kommt der Glaube aus der Verkündigung, die Verkündigung aber durch Gottes Wort.

Fragen zum Gespräch:

   o *Wie passt diese Antwort zu der Aufforderung, dass wir an Jesus Christus glauben sollen? Ist der Glaube nicht doch etwas, was wir selbst tun müssen?*

   o *Reicht es aus, das Evangelium zu verstehen und zu bejahen?*

   o *Was heißt es, Jesus aufzunehmen?*

91. Frage: Was bedeutet es, Buße zu tun?

Antwort: Die Buße zum Leben ist ein Geschenk Gottes, eine rettende Gnadengabe[a], wodurch Sünder aufgrund wahrer Sündenerkenntnis[b] und der Erkenntnis der Barmherzigkeit Gottes in Christus[c] erfüllt von Trauer und Hass gegen ihre Sünde, sich von ihr ab und Gott zuwenden[d], indem sie sich ernstlich vornehmen und bemühen, fortan im Gehorsam gegenüber Seinen Geboten zu leben.[e]

a. Apg 11,18 Als sie aber das hörten, beruhigten sie sich und priesen Gott und sprachen: So hat denn Gott auch den Heiden die Buße zum Leben gegeben!

b. Apg 2,37-38 Als sie aber das hörten, drang es ihnen durchs Herz, und sie sprachen zu Petrus und den übrigen Aposteln: Was sollen wir tun, ihr Männer und Brüder? Da sprach Petrus zu ihnen: Tut Buße, und jeder von euch lasse sich taufen auf den Namen Jesu Christi zur Vergebung der Sünden; so werdet ihr die Gabe des Heiligen Geistes empfangen.

c. Joel 2,12-13 Doch auch jetzt noch, spricht der HERR, kehrt um zu mir von ganzem Herzen, mit Fasten, mit Weinen, mit Klagen! Zerreißt eure Herzen und nicht eure Kleider, und kehrt um zu dem HERRN, eurem Gott; denn er ist gnädig und barmherzig, langmütig und von großer Gnade, und das Übel reut ihn.

d. Jer 31,18-19 Ich habe wohl gehört, wie Ephraim klagt: Du hast mich gezüchtigt, und ich bin gezüchtigt worden wie ein ungezähmtes Rind! Bringe du mich zur Umkehr, so werde ich umkehren; denn du, HERR, bist mein Gott! Denn nach meiner Umkehr empfinde ich Reue, und nachdem ich zur Erkenntnis gekommen bin, schlage ich mir auf die Hüfte; ich schäme mich und bin sogar zuschanden geworden; denn ich trage die Schmach meiner Jugend!

Hes 36,31 Dann werdet ihr an eure bösen Wege gedenken und an eure Taten, die nicht gut waren, und ihr werdet vor euch selbst Abscheu empfinden wegen eurer Sünden und wegen eurer Gräuel.

e. Ps 119,59 Als ich meine Wege bedachte, da wandte ich meine Füße zu deinen Zeugnissen.

Fragen zum Gespräch:

o *Wodurch erkennen wir unsere Sündhaftigkeit?*

o *Was bedeutet es, sich von der Sünde abzuwenden?*

o *Was wäre, wenn die Buße nicht eine Gabe Gottes wäre, sondern wir sie selbst in uns bewirken müssten?*

92. Frage: Werden alle, die sich äußerlich zum Glauben an das Evangelium bekennen, vor dem Zorn Gottes, den sie um ihrer Sünden willen verdienen, errettet werden?

Antwort: Nicht alle, die sich äußerlich zum Glauben an das Evangelium bekennen [a], werden errettet werden, sondern nur diejenigen, die bis zum Ende in Glauben und Heiligkeit beharren. [b]

a. Mt 7,21 Nicht jeder, der zu mir sagt: Herr, Herr! wird in das Reich der Himmel eingehen, sondern wer den Willen meines Vaters im Himmel tut.

b. 1Pe 1,5 ... die wir in der Kraft Gottes bewahrt werden durch den Glauben zu dem Heil, das bereit ist, geoffenbart zu werden in der letzten Zeit ...

Hebr 12,14 Jagt nach dem Frieden mit jedermann und der Heiligung, ohne die niemand den Herrn sehen wird!

Fragen zum Gespräch:

- *Hast du ein Bekenntnis des Glaubens an das Evangelium abgelegt?*
- *Bist du dir deines Heils gewiss?*
- *Wie kannst du wissen, ob du bis ans Ende in Glauben und Heiligkeit beharren wirst?*

93. Frage: Wer sind diejenigen, die in Glauben und Heiligkeit bis zum Ende beharren und errettet werden?

Antwort: Alle wahren Gläubigen werden aufgrund von Gottes ewigem Ratschluss und Seiner unwandelbaren Liebe[a], um der Fürbitte Christi willen[b] und weil Gottes Geist und Wort in ihnen bleiben,[c] durch Gottes Macht bewahrt.[d] Gesegnet mit allen geistlichen Segnungen in Christus[e] werden sie sicher in Glauben und Heiligkeit bis ans Ende beharren und errettet werden.[f]

a. Röm 8,28-30 Wir wissen aber, dass denen, die Gott lieben, alle Dinge zum Besten dienen, denen, die nach dem Vorsatz berufen sind. Denn die er zuvor ersehen hat, die hat er auch vorherbestimmt, dem Ebenbild seines Sohnes gleichgestaltet zu werden, damit er der Erstgeborene sei unter vielen Brüdern. Die er aber vorherbestimmt hat, die hat er auch berufen, die er aber berufen hat, die hat er auch gerechtfertigt, die er aber gerechtfertigt hat, die hat er auch verherrlicht.

Jer 31,3 Von ferne her ist mir der HERR erschienen: Mit ewiger Liebe habe ich dich geliebt; darum habe ich dich zu mir gezogen aus lauter Gnade.

b. Hebr 7,25 Daher kann er auch diejenigen vollkommen erretten, die durch ihn zu Gott kommen, weil er für immer lebt, um für sie einzutreten.

c. Joh 14,16 Und ich will den Vater bitten, und er wird euch einen anderen Beistand geben, dass er bei euch bleibt in Ewigkeit, ...

d. Joh 10,27-29 Meine Schafe hören meine Stimme, und ich kenne sie, und sie folgen mir nach; und ich gebe ihnen ewiges Leben, und sie werden in Ewigkeit nicht verlorengehen, und niemand wird sie aus meiner Hand reißen. Mein Vater, der sie mir gegeben hat, ist größer als alle, und niemand kann sie aus der Hand meines Vaters reißen. Ich und der Vater sind eins.

1Pe 1,5 … die wir in der Kraft Gottes bewahrt werden durch den Glauben zu dem Heil, das bereit ist, geoffenbart zu werden in der letzten Zeit …

e. Eph 1,3 Gepriesen sei der Gott und Vater unseres Herrn Jesus Christus, der uns gesegnet hat mit jedem geistlichen Segen in den himmlischen [Regionen] in Christus, …

f. 1Kor 1,8-9 … der euch auch festmachen wird bis ans Ende, sodass ihr unverklagbar seid am Tag unseres Herrn Jesus Christus. Gott ist treu, durch den ihr berufen seid zur Gemeinschaft mit seinem Sohn Jesus Christus, unserem Herrn.

Phil 1,6 … weil ich davon überzeugt bin, dass der, welcher in euch ein gutes Werk angefangen hat, es auch vollenden wird bis auf den Tag Jesu Christi.

Fragen zum Gespräch:

o *Nenne noch einmal mit eigenen Worten alle Grundlagen für dein Beharren im Glauben.*

o *Wie kann es sein, dass Menschen vom Glauben abfallen?*

X. Die Gnadenmittel

94. Frage: **Was sind die sichtbaren und von Gott eingesetzten Gnadenmittel, wodurch Er Seine Erwählten bewahrt und segnet?**

Antwort: Die sichtbaren und von Gott eingesetzten Gnadenmittel, wodurch Er Seine Erwählten bewahrt und segnet, sind Seine Ordnungen, insbesondere das Wort, die Sakramente und das Gebet. [a]

a. Mt 28,19-20 So geht nun hin und macht zu Jüngern alle Völker, und tauft sie auf den Namen des Vaters und des Sohnes und des Heiligen Geistes und lehrt sie alles halten, was ich euch befohlen habe. Und siehe, ich bin bei euch alle Tage bis an das Ende der Weltzeit!

Apg 2,41-42+46-47 Diejenigen, die nun bereitwillig sein Wort annahmen, ließen sich taufen, und es wurden an jenem Tag etwa 3 000 Seelen hinzugetan. Und sie blieben beständig in der Lehre der Apostel und in der Gemeinschaft und im Brotbrechen und in den Gebeten. ... Und jeden Tag waren sie beständig und einmütig im Tempel und brachen das Brot in den Häusern, nahmen die Speise mit Frohlocken und in Einfalt des Herzens; sie lobten Gott und waren angesehen bei dem ganzen Volk. Der Herr aber tat täglich die zur Gemeinde hinzu, die gerettet wurden.

Fragen zum Gespräch:

o *Was sind Gnadenmittel, Ordnungen und Sakramente?*

o *Was passiert, wenn wir die Gnadenmittel Gottes vernachlässigen?*

95. Frage: Wie wird das Wort wirksam zur Errettung?

Antwort: Der Geist Gottes macht das Lesen,[a] besonders aber die Predigt des Wortes[b] zu einem wirksamen Mittel, das Sünder überführt und bekehrt[c] und Gläubige in Heiligkeit und Trost auferbaut[d] durch den Glauben, der zur Errettung führt.[e]

a. Neh 8,8 Und sie lasen aus dem Buch des Gesetzes Gottes deutlich vor und erklärten den Sinn, sodass man das Gelesene verstand.

1Tim 4,13+16 Bis ich komme, sei bedacht auf das Vorlesen, das Ermahnen und das Lehren. ... Habe acht auf dich selbst und auf die Lehre; bleibe beständig dabei! Denn wenn du dies tust, wirst du sowohl dich selbst retten als auch die, welche auf dich hören.

b. 1Kor 1,21 Denn weil die Welt durch [ihre] Weisheit Gott in seiner Weisheit nicht erkannte, gefiel es Gott, durch die Torheit der Verkündigung diejenigen zu retten, die glauben.

Röm 10,13-17 ... denn: »Jeder, der den Namen des Herrn anruft, wird gerettet werden«. Wie sollen sie aber den anrufen, an den sie nicht geglaubt haben? Wie sollen sie aber an den glauben, von dem sie nichts gehört haben? Wie sollen sie aber hören ohne einen Verkündiger? Wie sollen sie aber verkündigen, wenn sie nicht ausgesandt werden? Wie geschrieben steht: »Wie lieblich sind die Füße derer, die Frieden verkündigen, die Gutes verkündigen!« Aber nicht alle haben dem Evangelium gehorcht; denn Jesaja spricht: »Herr, wer hat unserer Verkündigung geglaubt?« Demnach kommt der Glaube aus der Verkündigung, die Verkündigung aber durch Gottes Wort.

c. Ps 19,8-9 Das Gesetz des HERRN ist vollkommen, es erquickt die Seele; das Zeugnis des HERRN ist zuverlässig, es macht den Unverständigen weise. Die Befehle des HERRN sind richtig, sie erfreuen das Herz; das Gebot des HERRN ist lauter, es erleuchtet die Augen.

1Kor 14,24-25 Wenn aber alle weissagten, und es käme ein Ungläubiger oder Unkundiger herein, so würde er von allen überführt, von allen erforscht; und so würde das Verborgene seines Herzens offenbar, und so würde er auf sein Angesicht fallen und Gott anbeten und bekennen, dass Gott wahrhaftig in euch ist.

d. Apg 20,32 Und nun, Brüder, übergebe ich euch Gott und dem Wort seiner Gnade, das die Kraft hat, euch aufzuerbauen und ein Erbteil zu geben unter allen Geheiligten.

Röm 15,4 Denn alles, was zuvor geschrieben worden ist, wurde zu unserer Belehrung zuvor geschrieben, damit wir durch das Ausharren und den Trost der Schriften Hoffnung fassen.

1Thess 1,6 Und ihr seid unsere und des Herrn Nachahmer geworden, indem ihr das Wort unter viel Bedrängnis aufgenommen habt mit Freude des Heiligen Geistes, …

e. Röm 1,16 Denn ich schäme mich des Evangeliums von Christus nicht; denn es ist Gottes Kraft zur Errettung für jeden, der glaubt, zuerst für den Juden, dann auch für den Griechen; …

2Tim 3,15-17 … und weil du von Kindheit an die heiligen Schriften kennst, welche die Kraft haben, dich weise zu machen zur Errettung durch den Glauben, der in Christus Jesus ist. Alle Schrift ist von Gott eingegeben und nützlich zur Belehrung, zur Überführung, zur Zurechtweisung, zur Erziehung in der Gerechtigkeit, damit der Mensch Gottes ganz zubereitet sei, zu jedem guten Werk völlig ausgerüstet.

Fragen zum Gespräch:

o *Woran liegt es, dass Menschen unterschiedlich auf eine Predigt reagieren?*

o *Woher kann ein trauernder oder leidender Christ Trost und Stärkung erhalten? Was soll er tun?*

○ *Wie kann ein Mensch ohne Gott errettet werden? Was soll er tun?*

96. Frage: Wie muss das Wort Gottes gelesen und gehört werden, damit es wirksam wird zum Heil?

Antwort: Damit das Wort Gottes wirksam wird zum Heil, müssen die Leser und Hörer mit Sorgfalt [a], einem verlangenden Herzen [b] und unter Gebet [c] darauf achten. Sie müssen es mit Glauben [d] und Liebe [e] aufnehmen, es in ihrem Herzen bewahren [f] und in die Tat umsetzen. [g]

a. Spr 8,34 Wohl dem Menschen, der auf mich hört, indem er täglich an meiner Pforte wacht und die Pfosten meiner Türen hütet!

b. 1Pe 2,1-2 So legt nun ab alle Bosheit und allen Betrug und Heuchelei und Neid und alle Verleumdungen, und seid als neugeborene Kindlein begierig nach der unverfälschten Milch des Wortes, damit ihr durch sie heranwachst, …

c. Ps 119,18 Öffne mir die Augen, damit ich sehe die Wunder in deinem Gesetz!

d. Hebr 4,2 Denn auch uns ist eine Heilsbotschaft verkündigt worden, gleichwie jenen; aber das Wort der Verkündigung hat jenen nicht geholfen, weil es bei den Hörern nicht mit dem Glauben verbunden war.

e. 2Thes 2,10 … und aller Verführung der Ungerechtigkeit bei denen, die verlorengehen, weil sie die Liebe zur Wahrheit nicht angenommen haben, durch die sie hätten gerettet werden können.

f. Ps 119,11 Ich bewahre dein Wort in meinem Herzen, damit ich nicht gegen dich sündige.

g. Lk 8,15 Das in dem guten Erdreich aber sind die, welche das Wort, das sie gehört haben, in einem feinen und guten Herzen behalten und Frucht bringen in standhaftem Ausharren.

Jak 1,25 Wer aber hineinschaut in das vollkommene Gesetz der Freiheit und darin bleibt, dieser [Mensch], der kein vergesslicher Hörer, sondern ein wirklicher Täter ist, er wird glückselig sein in seinem Tun.

Fragen zum Gespräch:

○ *Wie können wir uns auf das Hören des Wortes Gottes vorbereiten?*

○ *Was können wir tun, wenn unser Herz kalt ist beim Lesen der Bibel oder beim Hören der Predigt?*

o *Wie können Lieder helfen, das Wort Gottes wirksam aufzunehmen?*
o *Wie können wir das Wort im Herzen bewahren?*

XI. Die Sakramente

97. Frage: Was ist ein Sakrament des Neuen Bundes?

*Antwort: Ein Sakrament des Neuen Bundes ist eine von Jesus Christus ein-
gesetzte heilige Ordnung, worin Christus und die Segnungen des Neuen
Bundes den Gläubigen durch sichtbare Zeichen dargestellt, versiegelt und
zugeeignet werden.* [a]

a. 1Kor 11,23-26 Denn ich habe von dem Herrn empfangen, was ich auch
euch überliefert habe, nämlich dass der Herr Jesus in der Nacht, als er
verraten wurde, Brot nahm, und dankte, es brach und sprach: Nehmt,
esst! Das ist mein Leib, der für euch gebrochen wird; dies tut zu meinem
Gedächtnis! Desgleichen auch den Kelch, nach dem Mahl, indem er
sprach: Dieser Kelch ist der neue Bund in meinem Blut; dies tut, sooft
ihr ihn trinkt, zu meinem Gedächtnis! Denn sooft ihr dieses Brot esst
und diesen Kelch trinkt, verkündigt ihr den Tod des Herrn, bis er kommt.

Fragen zum Gespräch:
o *Gibt es ein besseres Wort für „Sakrament"?*
o *Warum hat Gott auch im Neuen Testament sichtbare Zeichen angeordnet?*
o *Welche Bedeutung haben die Sakramente für jemanden, der nicht errettet ist?*

98. Frage: Was sind die Sakramente des Neuen Bundes?

Antwort: Die Sakramente des Neuen Bundes sind die Taufe [a] *und das Mahl
des Herrn.* [b]

a. Mt 28,19 So geht nun hin und macht zu Jüngern alle Völker, und tauft sie auf den Namen des Vaters und des Sohnes und des Heiligen Geistes …

b. 1Kor 11,23-26 siehe oben

Fragen zum Gespräch:

- *Sind dir andere sichtbare Zeichen bekannt, die irrtümlich für Sakramente angesehen werden?*

- *Werden wir durch Sakramente gerettet?*

- *Da der Herr Jesus diese Ordnungen befohlen hat, haben wir das Recht, sie zu vernachlässigen?*

99. Frage: Wie werden die Taufe und das Mahl des Herrn wirksame Mittel zum Heil?

Antwort: Die Taufe und das Mahl des Herrn werden wirksame Mittel zum Heil nicht durch eine diesen Sakramenten oder dem Verwalter derselben innewohnende Kraft [a], sondern allein durch den Segen Christi und das Wirken seines Geistes in denjenigen, die sie im Glauben empfangen. [b]

a. 1Kor 3,6-7 Ich habe gepflanzt, Apollos hat begossen, Gott aber hat das Gedeihen gegeben. So ist also weder der etwas, welcher pflanzt, noch der, welcher begießt, sondern Gott, der das Gedeihen gibt.

b. 1Pe 3,21 welches jetzt auch uns in einem bildlichen Sinn rettet in der Taufe, die nicht ein Abtun der Unreinheit des Fleisches ist, sondern das Zeugnis eines guten Gewissens vor Gott durch die Auferstehung Jesu Christi.

Fragen zum Gespräch:

- *Ist eine Taufe gültig, wenn sie von jemandem durchgeführt wird, der sich später als Ungläubiger herausstellt?*

- *Was ist der Zweck von Taufe und Mahl des Herrn?*

100. Frage: Was ist die Taufe?

Antwort: Die Taufe ist ein von Jesus Christus eingesetztes Sakrament des Neuen Bundes. [a]

Für die Getauften ist sie ein Zeichen der Gemeinschaft mit Christus in seinem Tod, Seinem Begräbnis und Seiner Auferstehung. Sie ist ein Zeichen dafür, dass er in Christus eingepflanzt ist, dass seine Sünden vergeben sind und er sich Gott durch Jesus Christus hingegeben hat, um mit Ihm in einem neuen Leben zu wandeln. [b]

a. Mt 28,19 siehe oben

b. Röm 6,3-4 Oder wisst ihr nicht, dass wir alle, die wir in Christus Jesus hinein getauft sind, in seinen Tod getauft sind? Wir sind also mit ihm begraben worden durch die Taufe in den Tod, damit, gleichwie Christus durch die Herrlichkeit des Vaters aus den Toten auferweckt worden ist, so auch wir in einem neuen Leben wandeln.

Kol 2,12 ... da ihr mit ihm begraben seid in der Taufe. In ihm seid ihr auch mitauferweckt worden durch den Glauben an die Kraftwirkung Gottes, der ihn aus den Toten auferweckt hat.

Gal 3,26-27 ... denn ihr alle seid durch den Glauben Söhne Gottes in Christus Jesus; denn ihr alle, die ihr in Christus hinein getauft seid, ihr habt Christus angezogen.

Fragen zum Gespräch:

o *Was bedeutet die Taufe für den Getauften?*

o *Was bedeutet die Taufe für die Gemeinde?*

o *Was bedeutet die Taufe für die Welt?*

o *Was soll von jemandem erwartet werden, der getauft wurde?*

101. Frage: Wer soll getauft werden?

Antwort: Getauft werden sollen alle, die auf glaubwürdige Weise bekennen, dass sie Buße vor Gott getan haben [a], *an den Herrn Jesus Christus glauben und mit aufrichtigem Herzen danach streben, Ihm gehorsam zu sein - und sonst niemand.* [b]

a. Apg 2,38 Da sprach Petrus zu ihnen: Tut Buße, und jeder von euch lasse sich taufen auf den Namen Jesu Christi zur Vergebung der Sünden; so werdet ihr die Gabe des Heiligen Geistes empfangen.

Ein kleiner Katechismus

Apg 2,41 Diejenigen, die nun bereitwillig sein Wort annahmen, ließen sich taufen, und es wurden an jenem Tag etwa 3 000 Seelen hinzugetan.

b. Mk 16,16 Wer glaubt und getauft wird, der wird gerettet werden; wer aber nicht glaubt, der wird verdammt werden.

Apg 8,12 Als sie aber dem Philippus glaubten, der das Evangelium vom Reich Gottes und vom Namen Jesu Christi verkündigte, ließen sich Männer und Frauen taufen.

Fragen zum Gespräch:

o *Was bedeutet es, Buße zu tun?*

o *Was bedeutet es, an den Herrn Jesus Christus zu glauben?*

o *Warum ist die Antwort nicht: „Solche, die sich für Jesus entschieden haben?"*

102. Frage: Sollen die Kinder von bekennenden Gläubigen getauft werden?

Antwort: Die Kinder von bekennenden Gläubigen sollen nicht getauft werden, weil sich in der Heiligen Schrift dafür weder ein Gebot, ein Beispiel, noch irgendeine Stelle findet, woraus die Kindertaufe abzuleiten wäre. [a]

a. 5Mo 13,1 Das ganze Wort, das ich euch gebiete, das sollt ihr bewahren, um es zu tun; du sollst nichts zu ihm hinzufügen und nichts von ihm wegnehmen!

Spr 30,6 Tue nichts zu seinen Worten hinzu, damit er dich nicht bestraft und du als Lügner dastehst!

Apg 8,12 siehe oben

Apg 10,47-48 Kann auch jemand diesen das Wasser verwehren, dass sie nicht getauft werden sollten, die den Heiligen Geist empfangen haben gleichwie wir? Und er befahl, dass sie getauft würden im Namen des Herrn.

Fragen zum Gespräch:

o *Wie sollen sich Menschen verhalten, die als Baby getauft wurden und später durch die Gnade Gottes errettet wurden?*

103. Frage: Wie sollen die getauft werden, die zum Glauben an den Herrn Jesus Christus kommen?

Antwort: Gemäß dem Vorbild[a] und Befehl Jesu Christi[b] und der Praxis der Apostel[c] sollen Gläubige durch Untertauchen des ganzen Körpers im Namen des Vaters, des Sohnes und des Heiligen Geistes getauft werden. Das Besprengen, Begießen oder teilweise Eintauchen des Körpers in Wasser muss als menschliche Überlieferung abgelehnt werden.

a. Mt 3,16 Und als Jesus getauft war, stieg er sogleich aus dem Wasser; und siehe, da öffnete sich ihm der Himmel, und er sah den Geist Gottes wie eine Taube herabsteigen und auf ihn kommen.

   Joh 3,23 Aber auch Johannes taufte in Änon, nahe bei Salim, weil viel Wasser dort war; und sie kamen dorthin und ließen sich taufen.
b. Mt 28,19 siehe oben
c. Apg 8,38-39 Und er ließ den Wagen anhalten, und sie stiegen beide in das Wasser hinab, Philippus und der Kämmerer, und er taufte ihn. Als sie aber aus dem Wasser heraufgestiegen waren, entrückte der Geist des Herrn den Philippus, und der Kämmerer sah ihn nicht mehr; denn er zog voll Freude seines Weges.

Fragen zum Gespräch:

o *Warum muss bei der Taufe der ganze Körper des Gläubigen untergetaucht werden?*

o *Welche Personen werden in der Apostelgeschichte als Täuflinge genannt?*

104. Frage: Was ist die biblische Pflicht jedes Getauften?

Antwort: Jeder, der getauft wird, hat die Pflicht, sich einer bibeltreuen Ortsgemeinde anzuschließen und dort mit den Gaben zu dienen, die der Herr ihm gegeben hat.[a]

a. Apg 2,41-47 Diejenigen, die nun bereitwillig sein Wort annahmen, ließen sich taufen, und es wurden an jenem Tag etwa 3 000 Seelen hinzugetan. Und sie blieben beständig in der Lehre der Apostel und in der Gemeinschaft und im Brotbrechen und in den Gebeten. Es kam aber Furcht über alle Seelen, und viele Wunder und Zeichen geschahen durch die Apostel. Alle Gläubigen waren aber beisammen und hatten alle Dinge gemeinsam; sie verkauften die Güter und Besitztümer und verteilten sie unter alle, je nachdem einer bedürftig war. Und jeden Tag waren sie beständig und einmütig im Tempel und brachen das Brot in den Häusern, nahmen die Speise mit Frohlocken und in Einfalt des Herzens; sie lobten Gott und waren angesehen bei dem ganzen Volk. Der Herr aber tat täglich die zur Gemeinde hinzu, die gerettet wurden.

1Kor 12,12-30 siehe dort.

Fragen zum Gespräch:

o *Warum ist es notwendig, einer bibeltreuen Ortsgemeinde anzugehören?*

o *Nenne Beispiele, wie man mit den Gaben dienen kann, die der Herr gegeben hat.*

o *Wo entsteht Mangel, wenn wir nicht mit unseren Gaben dienen?*

105. Frage: Was ist das Mahl des Herrn?

Antwort: Das Mahl des Herrn ist ein von Jesus Christus eingesetztes Sakrament des Neuen Bundes. [a]

Dabei wird denen, die an Jesus Christus gläubig geworden und auf seinen Namen getauft sind, gemäß Christi Anordnung Brot und Wein gereicht. Dadurch wird Christi Tod verkündigt und die würdigen Empfänger genießen nicht auf körperliche oder fleischliche Weise, sondern durch den Glauben die Gemeinschaft Seines Leibes und Blutes zu ihrer geistlichen Nahrung und ihrem Wachstum in der Gnade. [b]

a. Lk 22,19-20 Und er nahm das Brot, dankte, brach es, gab es ihnen und sprach: Das ist mein Leib, der für euch gegeben wird; das tut zu meinem Gedächtnis! Desgleichen [nahm er] auch den Kelch nach dem Mahl und sprach: Dieser Kelch ist der neue Bund in meinem Blut, das für euch vergossen wird.

1Kor 11,23-26 siehe oben

b. 1Kor 10,16 Der Kelch des Segens, den wir segnen, ist er nicht [die] Gemeinschaft des Blutes des Christus? Das Brot, das wir brechen, ist es nicht [die] Gemeinschaft des Leibes des Christus?

Fragen zum Gespräch:

- o *Warum ist es wichtig, dass Gläubige am Mahl des Herrn teilnehmen?*
- o *Hat das Mahl des Herrn eine Bedeutung für die Ungläubigen?*
- o *Wie trägt das Mahl des Herrn zum Wachstum in der Gnade bei?*

106. Frage: Wie wird das Mahl des Herrn würdig empfangen?

Antwort: Wer würdig am Mahl des Herrn teilnehmen will, soll sich selbst prüfen,

- o *ob er das stellvertretende Sterben Jesu recht versteht [a],*
- o *ob er tatsächlich in dem Glauben steht, durch den ihm Christus als stellvertretendes Opfer angerechnet wird [b],*
- o *ob er in Buße [c], in christlicher Liebe [d] und in erneutem Gehorsam [e] lebt,*

damit er nicht unwürdig kommt und sich selbst zum Gericht isst und trinkt. [f]

a. 1Kor 11,28-29 Der Mensch prüfe aber sich selbst, und so soll er von dem Brot essen und aus dem Kelch trinken; denn wer unwürdig isst und trinkt, der isst und trinkt sich selbst ein Gericht, weil er den Leib des Herrn nicht unterscheidet.

b. 2Kor 13,5 Prüft euch selbst, ob ihr im Glauben seid; stellt euch selbst auf die Probe! Oder erkennt ihr euch selbst nicht, dass Jesus Christus in euch ist? Es sei denn, dass ihr unecht wärt!

c. 1Kor 11,31 Denn wenn wir uns selbst richteten, würden wir nicht gerichtet werden; …

d. 1Kor 11,16-17 Wenn aber jemand rechthaberisch sein will — wir haben eine solche Gewohnheit nicht, die Gemeinden Gottes auch nicht. Das aber kann ich, da ich am Anordnen bin, nicht loben, dass eure Zusammenkünfte nicht besser, sondern schlechter werden.

e. 1Kor 5,7-8 Darum fegt den alten Sauerteig aus, damit ihr ein neuer Teig seid, da ihr ja ungesäuert seid! Denn unser Passahlamm ist ja für uns geschlachtet worden: Christus. So wollen wir denn nicht mit altem Sauerteig Fest feiern, auch nicht mit Sauerteig der Bosheit und Schlechtigkeit, sondern mit ungesäuerten Broten der Lauterkeit und Wahrheit.

f. 1Kor 11,28-29 siehe oben

Fragen zum Gespräch:

Ein kleiner Katechismus

- *Was bedeutet es, sich selbst zu prüfen?*
- *Was sollen wir über das Mahl des Herrn verstanden haben?*
- *Wie sollen wir leben, damit wir würdig am Mahl des Herrn teilnehmen können?*

107. Frage: Was bedeuten die Worte „bis er kommt", wenn sie beim Mahl des Herrn gebraucht werden?

Antwort: Die Worte „bis er kommt" lehren uns, dass der Herr wiederkommen wird, und dass wir ihn sehnsüchtig erwarten sollen. [a]

a. 1Kor 11,26 Denn sooft ihr dieses Brot esst und diesen Kelch trinkt, verkündigt ihr den Tod des Herrn, bis er kommt.

Apg 1,11 Ihr Männer von Galiläa, was steht ihr hier und seht zum Himmel? Dieser Jesus, der von euch weg in den Himmel aufgenommen worden ist, wird in derselben Weise wiederkommen, wie ihr ihn habt in den Himmel auffahren sehen!

Fragen zum Gespräch:
- *Warum kommt der Herr Jesus wieder?*
- *Wie kommt der Herr wieder?*
- *Wie sollen wir im Blick darauf leben?*

XII. Das Gebet

108. Frage: Was ist ein für Gott annehmbares Gebet?

Antwort: In einem für Gott annehmbaren Gebet bitten Gottes Kinder[a] Gott[b] um Dinge, die mit Seinem Willen übereinstimmen[c]. Dies tun sie im Namen Jesu Christi[d], durch den Beistand Seines Geistes[e], mit Bekenntnis ihrer Sünden[f] und der dankbaren Anerkennung Seiner Barmherzigkeit.[g]

a. Spr 15,8 Das Opfer der Gottlosen ist dem HERRN ein Gräuel, das Gebet der Aufrichtigen aber ist ihm wohlgefällig.

Spr 28,9 Wer sein Ohr abwendet vom Hören auf das Gesetz, dessen Gebet sogar ist ein Gräuel.

b. Ps 62,8 Auf Gott ruht mein Heil und meine Ehre; der Fels meiner Stärke, meine Zuflucht ist in Gott.

c. 1Joh 5,14 Und das ist die Freimütigkeit, die wir ihm gegenüber haben, dass er uns hört, wenn wir seinem Willen gemäß um etwas bitten.

d. Joh 16,23 Und an jenem Tag werdet ihr mich nichts fragen. Wahrlich, wahrlich, ich sage euch: Was auch immer ihr den Vater bitten werdet in meinem Namen, er wird es euch geben!

e. Röm 8,26 Ebenso kommt aber auch der Geist unseren Schwachheiten zu Hilfe. Denn wir wissen nicht, was wir beten sollen, wie sich's gebührt; aber der Geist selbst tritt für uns ein mit unaussprechlichen Seufzern.

f. Ps 32,5-6 Da bekannte ich dir meine Sünde und verbarg meine Schuld nicht; ich sprach: »Ich will dem HERRN meine Übertretungen bekennen!« Da vergabst du mir meine Sündenschuld. (Sela.) Darum soll jeder Getreue dich bitten zu der Zeit, da du zu finden bist; wenn dann große Wasser einherfluten, werden sie ihn gewiss nicht erreichen.

Dan 9,4-5 Ich betete aber zu dem HERRN, meinem Gott, und ich bekannte und sprach: Ach, Herr, du großer und furchtgebietender Gott, der den Bund und die Gnade denen bewahrt, die ihn lieben und seine Gebote bewahren! Wir haben gesündigt und haben unrecht getan und gesetzlos gehandelt; wir haben uns aufgelehnt und sind von deinen Geboten und deinen Rechtsordnungen abgewichen!

1Joh 1,9 Wenn wir aber unsere Sünden bekennen, so ist er treu und gerecht, dass er uns die Sünden vergibt und uns reinigt von aller Ungerechtigkeit.

Ein kleiner Katechismus

g. Phil 4,6 Sorgt euch um nichts; sondern in allem lasst durch Gebet und Flehen mit Danksagung eure Anliegen vor Gott kundwerden.

Fragen zum Gespräch:

- o *Welche vier Dinge sind wichtig, wenn wir beten?*
- o *Zu wem beten wir?*
- o *Warum ist es wichtig, im Namen Jesu zu beten?*
- o *Warum sollen wir bei der Fürbitte auch unsere Sünden bekennen?*
- o *Welche Rolle spielt Dankbarkeit in deinen Gebeten?*

109. Frage: Wodurch hat Gott uns gelehrt zu beten?

Antwort: Das ganze Wort Gottes dient uns als Anleitung zum Gebet. [a] *Aber das besondere Vorbild hierfür ist das Gebet, das Christus Seine Jünger gelehrt hat und im Allgemeinen „Das Gebet des Herrn" genannt wird.* [b]

a. 1Joh 5,14 Und das ist die Freimütigkeit, die wir ihm gegenüber haben, dass er uns hört, wenn wir seinem Willen gemäß um etwas bitten.
b. Mt 6,9-13 Deshalb sollt ihr auf diese Weise beten: Unser Vater, der du bist im Himmel! Geheiligt werde dein Name. Dein Reich komme. Dein Wille geschehe, wie im Himmel, so auch auf Erden. Gib uns heute unser tägliches Brot. Und vergib uns unsere Schulden, wie auch wir vergeben unseren Schuldnern. Und führe uns nicht in Versuchung, sondern errette uns von dem Bösen. Denn dein ist das Reich und die Kraft und die Herrlichkeit in Ewigkeit! Amen.
   Lk 11,2-4 ebenso

Fragen zum Gespräch:

- o *Warum haben wir es nötig, dass der Herr uns zu beten lehrt?*
- o *Sollten wir das Gebet des Herrn in unserer Familie oder Gemeinde beten?*

110. Frage: Was lehrt uns die Einleitung zum Gebet des Herrn?

Antwort: Die Einleitung zum Gebet des Herrn lautet: „Unser Vater im Himmel". [a]

Dies lehrt uns, zu Gott mit aller heiligen Ehrfurcht und Zuversicht zu kommen als Kinder zu ihrem Vater, der fähig und bereit ist, uns zu helfen [b], und dass wir miteinander und füreinander beten sollen. [c]

a. Mt 6,9b siehe oben

b. Jes 64,7+8 Nun aber bist du, HERR, unser Vater; wir sind der Ton, und du bist unser Töpfer; wir alle sind das Werk deiner Hände. Zürne nicht allzu sehr, o HERR, und gedenke nicht ewiglich an die Schuld! Ziehe doch das in Betracht, dass wir alle dein Volk sind!

   Lk 11,13 Wenn nun ihr, die ihr böse seid, euren Kindern gute Gaben zu geben versteht, wie viel mehr wird der Vater im Himmel den Heiligen Geist denen geben, die ihn bitten!

   Röm 8,15 Denn ihr habt nicht einen Geist der Knechtschaft empfangen, dass ihr euch wiederum fürchten müsstet, sondern ihr habt den Geist der Sohnschaft empfangen, in dem wir rufen: Abba, Vater!

c. 1Tim 2,1-2 So ermahne ich nun, dass man vor allen Dingen Bitten, Gebete, Fürbitten und Danksagungen darbringe für alle Menschen, für Könige und alle, die in hoher Stellung sind, damit wir ein ruhiges und stilles Leben führen können in aller Gottesfurcht und Ehrbarkeit; …

   Eph 6,18 … indem ihr zu jeder Zeit betet mit allem Gebet und Flehen im Geist, und wacht zu diesem Zweck in aller Ausdauer und Fürbitte für alle Heiligen, …

Fragen zum Gespräch:

- *Wessen Vater ist Gott?*
- *Was bedeutet es für dich, dass du einen Vater im Himmel hast?*
- *In welcher Haltung und mit welcher Erwartung sollen wir beten?*
- *Für wen sollen wir beten?*

111. Frage: Um was beten wir in der ersten Bitte?

Antwort: Die erste Bitte lautet: „Geheiligt werde dein Name!" [a]

Hier bitten wir Gott darum, uns und andere zu befähigen, Ihn mit unserem ganzen Leben zu verherrlichen [b] und darum, dass alle Dinge zu Seiner Ehre gereichen mögen. [c]

a. Mt 6,9c

Ein kleiner Katechismus

b. Ps 67,2-4 Gott sei uns gnädig und segne uns; er lasse sein Angesicht leuchten über uns, (Sela) damit man auf Erden deinen Weg erkenne, unter allen Heidenvölkern dein Heil. Es sollen dir danken die Völker, o Gott, alle Völker sollen dir danken!

c. Röm 11,36 Denn von ihm und durch ihn und für ihn sind alle Dinge; ihm sei die Ehre in Ewigkeit! Amen.

Fragen zum Gespräch:

○ *Was ist mit dem „Namen" Gottes in dieser Bitte gemeint?*

○ *Warum soll Gott in allem geheiligt werden?*

○ *Wer soll Gott ehren?*

112. Frage: Um was beten wir in der zweiten Bitte?

Antwort: Die zweite Bitte lautet: „Dein Reich komme!" [a]

Hier bitten wir darum,

○ *dass Satans Reich zerstört* [b]*, Gottes Reich aber gebaut werde* [c]*,*

○ *dass Sünder hineingebracht* [d] *und Gläubige darin erhalten werden* [e] *und*

○ *dass der Herr Jesus bald kommen möge.* [f]

a. Mt 6,10a

b. Ps 68,2 Gott wird sich erheben; seine Feinde werden sich zerstreuen, und die ihn hassen, werden vor ihm fliehen!

c. Ps 51,20 Tue wohl an Zion nach deiner Gnade, baue die Mauern Jerusalems!

Off 12,10-11 Und ich hörte eine laute Stimme im Himmel sagen: Nun ist gekommen das Heil und die Macht und das Reich unseres Gottes und die Herrschaft seines Christus! Denn hinabgestürzt wurde der Verkläger unserer Brüder, der sie vor unserem Gott verklagte Tag und Nacht. Und sie haben ihn überwunden um des Blutes des Lammes und um des Wortes ihres Zeugnisses willen und haben ihr Leben nicht geliebt bis in den Tod!

d. 2Thes 3,1 Im Übrigen betet für uns, ihr Brüder, damit das Wort des Herrn [ungehindert] läuft und verherrlicht wird, so wie bei euch, …

Röm 10,1 Brüder, der Wunsch meines Herzens und mein Flehen zu Gott für Israel ist, dass sie gerettet werden.

e. Kol.1,9-14 Deshalb hören wir auch seit dem Tag, da wir es vernommen haben, nicht auf, für euch zu beten und zu bitten, dass ihr erfüllt werdet mit der Erkenntnis seines Willens in aller geistlichen Weisheit und Einsicht, damit ihr des Herrn würdig wandelt und ihm in allem wohlgefällig seid: in jedem guten Werk fruchtbar und in der Erkenntnis Gottes wachsend, mit aller Kraft gestärkt gemäß der Macht seiner Herrlichkeit zu allem standhaften Ausharren und aller Langmut, mit Freuden, indem ihr dem Vater Dank sagt, der uns tüchtig gemacht hat, teilzuhaben am Erbe der Heiligen im Licht. Er hat uns errettet aus der Herrschaft der Finsternis und hat uns versetzt in das Reich des Sohnes seiner Liebe, in dem wir die Erlösung haben durch sein Blut, die Vergebung der Sünden.

f. Off 22,20 Es spricht, der dies bezeugt: Ja, ich komme bald! Amen. — Ja, komm, Herr Jesus!

Fragen zum Gespräch:

- o *Wie wird man Bürger eines der beiden hier erwähnten Reiche?*
- o *Wer regiert jetzt gerade in dieser Welt?*
- o *Welches Reich kommt, wenn der Herr Jesus wiederkommt?*
- o *Nenne einige der Gebetsanliegen, die Paulus für die Christen in Kolossä hatte. Nimm sie auf in deine Gebete für die Geschwister.*

113. Frage: Um was bitten wir in der dritten Bitte?

Antwort: Die dritte Bitte lautet: „Dein Wille geschehe wie im Himmel so auf Erden!"[a]

Hier bitten wir Gott darum, uns in Seiner Gnade fähig und willig zu machen, Seinen Willen zu erkennen[b], Ihm zu gehorchen[c] und uns Ihm in allen Dingen zu unterwerfen[d], so wie es die Engel im Himmel tun.[e]

a. Mt 6,10b
b. Ps 119,33+34 Lehre mich, HERR, den Weg deiner Anweisungen, dass ich ihn einhalte bis ans Ende. Gib mir Verständnis, so will ich dein Gesetz bewahren und es befolgen von ganzem Herzen.
c. Ps 119,35-36 Lass mich wandeln auf dem Pfad deiner Gebote, denn ich habe Lust an ihm. Neige mein Herz zu deinen Zeugnissen und nicht zur Habgier!

d. Hi 1,21 Und er sprach: Nackt bin ich aus dem Leib meiner Mutter gekommen; nackt werde ich wieder dahingehen. Der HERR hat gegeben, der HERR hat genommen; der Name des HERRN sei gelobt!

Lk 22,41+42 Und er riss sich von ihnen los, ungefähr einen Steinwurf weit, kniete nieder, betete und sprach: Vater, wenn du diesen Kelch von mir nehmen willst — doch nicht mein, sondern dein Wille geschehe!

Apg 21,14 Und da er sich nicht überreden ließ, beruhigten wir uns und sprachen: Der Wille des Herrn geschehe!

e. Ps 103,20-21 Lobt den HERRN, ihr seine Engel, ihr starken Helden, die ihr seinen Befehl ausführt, gehorsam der Stimme seines Wortes! Lobt den HERRN, alle seine Heerscharen, seine Diener, die ihr seinen Willen tut!

Fragen zum Gespräch:

○ *Können wir aus eigener Kraft den Willen Gottes tun?*

○ *Warum ist es notwendig, dass Gott uns willig macht, seinen Willen zu erkennen und zu tun?*

○ *Warum hadern Menschen mit Gott, wenn ihnen etwas Schweres widerfährt? Wie können wir helfen?*

○ *Wie erweist sich, ob wir Gott lieben?*

114. Frage: Um was beten wir in der vierten Bitte?

Antwort: Die vierte Bitte lautet: „Unser tägliches Brot gib uns heute!" [a]

Hier bitten wir Gott, uns gnädig einen angemessenen Teil an den guten Dingen dieses Lebens zu schenken und dass wir damit Seinen Segen genießen dürfen. [b]

a. Mt 6,11

b. Spr 30,7-9 »Zweierlei erbitte ich mir von dir, das wollest du mir nicht versagen, ehe ich sterbe: Falschheit und Lügenwort entferne von mir; Armut und Reichtum gib mir nicht, nähre mich mit dem mir beschiedenen Brot; Dass ich nicht aus Übersättigung dich verleugne und sage: Wer ist der HERR?, Dass ich aber auch nicht aus lauter Armut stehle und mich am Namen meines Gottes vergreife!«

1Tim 4,4-5 Denn alles, was Gott geschaffen hat, ist gut, und nichts ist verwerflich, wenn es mit Danksagung empfangen wird; denn es wird geheiligt durch Gottes Wort und Gebet.

Ps 90,17 Und die Freundlichkeit des Herrn, unsres Gottes, sei über uns, und das Werk unsrer Hände fördere du für uns, ja, das Werk unsrer Hände wollest du fördern!

Fragen zum Gespräch:

o *Warum richten wir diese Bitte an Gott?*

o *Nenne einige der Segnungen, die wir von Gott für dieses Leben erbitten sollen.*

o *Bist du zufrieden mit den Dingen, mit denen Gott dich täglich segnet?*

o *Gibt es jemanden in der Gemeinde oder in deiner Umgebung, der Mangel hat? 1Joh 3,17.*

115. Frage: Um was beten wir in der fünften Bitte?

Antwort: Die fünfte Bitte lautet: „Und vergib uns unsere Schuld, wie auch wir vergeben unseren Schuldnern!" [a]

Hier bitten wir Gott, uns um Christi willen alle unsere Sünden gnädig zu vergeben [b] *und uns zu befähigen, anderen von Herzen zu vergeben.* [c]

a. Mt 6,12

b. Ps 51,3-4 + 9 + 11 O Gott, sei mir gnädig nach deiner Güte; tilge meine Übertretungen nach deiner großen Barmherzigkeit! 4 Wasche mich völlig [rein] von meiner Schuld und reinige mich von meiner Sünde; ... Entsündige mich mit Ysop, so werde ich rein; wasche mich, so werde ich weißer als Schnee! ... Verbirg dein Angesicht vor meinen Sünden und tilge alle meine Missetaten!

Dan 9,17-19 So höre nun, unser Gott, auf das Gebet deines Knechtes und auf sein Flehen und lass dein Angesicht leuchten über dein verwüstetes Heiligtum, um des Herrn willen! Neige dein Ohr, mein Gott, und höre; tue deine Augen auf und sieh unsere Verwüstung und die Stadt, die nach deinem Namen genannt ist! Denn nicht um unserer eigenen Gerechtigkeit willen bringen wir unsere Bitten vor dich, sondern um deiner großen Barmherzigkeit willen! Herr, höre! Herr, vergib! Herr, achte darauf und handle und zögere nicht, um deiner selbst willen, mein Gott! Denn nach deinem Namen ist deine Stadt und dein Volk genannt!

c. Lk 11,4 Und vergib uns unsere Sünden, denn auch wir vergeben jedem, der uns etwas schuldig ist!

Mt 18,35 So wird auch mein himmlischer Vater euch behandeln, wenn ihr nicht jeder seinem Bruder von Herzen seine Verfehlungen vergebt.

- *Wie hat Gott uns vergeben?*
- *Gibt es Sünden, die Gott dir nicht vergeben hat?*
- *Warum ist das Wörtchen „gnädig" in dieser Antwort wichtig?*
- *Was sollen wir tun, wenn jemand uns sagt, dass wir ihn oder einen anderen verletzt haben?*
- *Wie können wir anderen vergeben, wenn sie ihre Schuld nicht einsehen oder bekennen?*

116. Frage: Um was beten wir in der sechsten Bitte?

Antwort: Die sechste Bitte lautet: „Und führe uns nicht in Versuchung, sondern erlöse uns von dem Bösen!" [a]

Hier bitten wir Gott, uns entweder vor der Versuchung zur Sünde zu bewahren [b] *oder uns beizustehen und uns zu erretten, wenn wir versucht werden.* [c]

a. Mt 6,13a
b. Mt 26,41 Wacht und betet, damit ihr nicht in Versuchung kommt! Der Geist ist willig, aber das Fleisch ist schwach.

   Ps 19,14 Auch vor mutwilligen bewahre deinen Knecht, damit sie nicht über mich herrschen; dann werde ich unsträflich sein und frei bleiben von großer Übertretung!
c. Ps 51,12+14 Erschaffe mir, o Gott, ein reines Herz, und gib mir von Neuem einen festen Geist in meinem Innern! ... Gib mir wieder die Freude an deinem Heil, und stärke mich mit einem willigen Geist!

   1Kor 10,13 Es hat euch bisher nur menschliche Versuchung betroffen. Gott aber ist treu; er wird nicht zulassen, dass ihr über euer Vermögen versucht werdet, sondern er wird zugleich mit der Versuchung auch den Ausgang schaffen, sodass ihr sie ertragen könnt.

Fragen zum Gespräch:

- *Was ist der Unterschied zwischen „Versuchung" und „Sünde"?*
- *Versucht Gott uns?*
- *Warum lässt Gott es zu, dass wir versucht werden?*

o *Was können wir tun, wenn uns eine Versuchung zu stark erscheint?*

117. Frage: Was lehrt uns der Schluss dieses Gebets?

Antwort: Der Schluss des Gebets lautet: „Denn dein ist das Reich und die Kraft und die Herrlichkeit in Ewigkeit. Amen."[a]

Dies lehrt uns, Gott als den allmächtigen Herrscher des Himmels und der Erde zu ehren,[b]

Ihn in unseren Gebeten für seine ewige Herrlichkeit zu preisen[c]

und zur Bestätigung unserer Bitten und unserer Gewissheit, dass Er uns erhören wird, das Gebet mit „Amen" zu beschließen.[d]

a. Mt 6,13b

b. Dan 2,47 Der König ergriff [dann] das Wort und sprach zu Daniel: Wahrhaftig, euer Gott ist der Gott der Götter und der Herr der Könige und ein Offenbarer der Geheimnisse, dass du dieses Geheimnis offenbaren konntest!

Dan 9,4-9 + 16-19 siehe dort

Ps 47,8 Denn Gott ist König der ganzen Erde; lobsingt mit Einsicht!

c. 1Chr 29,10-13 Und David lobte den HERRN vor der ganzen Gemeinde und sprach: Gelobt seist du, o HERR, du Gott unseres Vaters Israel, von Ewigkeit zu Ewigkeit! Dein, o HERR, ist die Majestät und die Gewalt und die Herrlichkeit und der Glanz und der Ruhm! Denn alles, was im Himmel und auf Erden ist, das ist dein. Dein, o HERR, ist das Reich, und du bist als Haupt über alles erhaben! Reichtum und Ehre kommen von dir! Du herrschst über alles; in deiner Hand stehen Kraft und Macht; in deiner Hand steht es, alles groß und stark zu machen! Und nun, unser Gott, wir danken dir und rühmen deinen herrlichen Namen.

Off 4,11 Würdig bist du, o Herr, zu empfangen den Ruhm und die Ehre und die Macht; denn du hast alle Dinge geschaffen, und durch deinen Willen sind sie und wurden sie geschaffen!

d. 1Kor 14,16 Sonst, wenn du mit dem Geist den Lobpreis sprichst, wie soll der, welcher die Stelle des Unkundigen einnimmt, das Amen sprechen zu deiner Danksagung, da er nicht weiß, was du sagst?

Off 22,20 Es spricht, der dies bezeugt: Ja, ich komme bald! Amen.

Fragen zum Gespräch:

o *Warum ist es recht, dass wir Gott preisen?*

- Welches Reich ist hier gemeint?
- Versuche, die Herrlichkeit Gottes zu beschreiben.

Wohl dem, der nicht wandelt nach dem Rat der Gottlosen, noch tritt auf den Weg der Sünder, noch sitzt, wo die Spötter sitzen, sondern seine Lust hat am Gesetz des HERRN und über sein Gesetz nachsinnt Tag und Nacht. Der ist wie ein Baum, gepflanzt an Wasserbächen, der seine Frucht bringt zu seiner Zeit, und seine Blätter verwelken nicht, und alles, was er tut, gerät wohl. Nicht so die Gottlosen, sondern sie sind wie Spreu, die der Wind verweht. Darum werden die Gottlosen nicht bestehen im Gericht, noch die Sünder in der Gemeinde der Gerechten. Denn der HERR kennt den Weg der Gerechten; aber der Weg der Gottlosen führt ins Verderben.